Papier-Basteln für kleine Hände

Erika Bock, Ernestine Fittkau, Daniela Köbler,
Ursula Ritter, Sybille Rogaczewski-Nogai,
Martha Steinmeyer

CHRISTOPHORUS

Inhalt

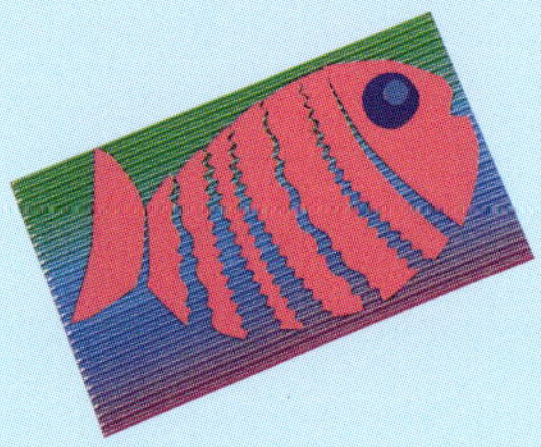

Basteln mit Papier

Papier ist der beste und vielseitigste Werkstoff, den Sie Kindern geben können. Er ist in jedem Haushalt vorhanden, ungefährlich und leicht zu handhaben. Papier gibt es in immer neuen Formen und Farben. Glatt oder mit rauer Oberfläche, hauchdünn oder stabil, glänzend oder matt, durchsichtig, farbig, bedruckt, gemustert oder gewellt. Papier ist in seiner Vielseitigkeit ein wahres Zaubermaterial!

In diesem Band sind attraktive Bastelideen für Kinder zusammengetragen, die schon beim Herstellen Spaß machen. Ganz nebenbei lernen Kinder die wichtigsten Papierbearbeitungstechniken kennen: die Zickzackfaltung beim lustigen Krokodil, das Reißen beim Gespenster-Windspiel, das Falten bei den Schnapptieren und Fliegern, das Papierrollen bei Kasperl und Seppl und das Modellieren mit Papiermaché bei Utensilo und Schale.

Schneiden, reißen, falten, kleben – wenn Kinder diese grundlegenden Techniken beherrschen, können sie leicht eigene Ideen umsetzen. Viele Bastelideen in diesem Band können auch ohne Vorlagen nachgearbeitet werden. Kinder variieren die Anregungen sehr gern, fügen eigene Ideen hinzu oder ändern unbeschwert ab und kommen so oft zu sehr originellen Ergebnissen. Wer jedoch die Bastelvorschläge aus diesem Buch genau nacharbeiten möchte, kann auf die Vorlagen zurückgreifen und kommt schnell zu dem gewünschten Erfolg.

In den vier Kapiteln „Fürs Kinderzimmer", „Spiel und Spaß", „Kleine Geschenke" und „Rund ums Jahr" finden Sie sicher eine Fülle von Ideen, die Sie mit Ihren Kindern umsetzen möchten. Und nun Papier, Schere und Klebstoff zurechtlegen – schon geht's los. Viel Spaß dabei!

Erika Bock Ernestine Fittkau

Daniela Köbler

Ursula Ritter

Sybille Rogaczewski-Nogai

Martha Steinmeyer

Hinweise & Tipps

Grundmaterial Papier

Bastelpapiere gibt es in verschiedenen Stärken, Formaten und Farben im Hobbyfachhandel oder im Schreibwarengeschäft. Das Gewicht gibt an, wie viel Gramm ein Quadratmeter (1 x 1 m) einer Papiersorte wiegt. Man kann daran ablesen, wie stabil diese Papiersorte ist. Die folgenden Bezeichnungen können bei den einzelnen Papierherstellern leicht unterschiedlich sein.

Fotokarton

Fotokarton ist mit 300 g/qm ein stabiler Karton, der in vielen Farben, mit Regenbogenverlauf oder mit Motiven bedruckt erhältlich ist. Er eignet sich besonders für größere und tragende Teile.

Tonkarton

Ton- oder Universalkarton ist mit 220 g/qm etwas dünner als Fotokarton. Tonkarton gibt es unifarben oder gemustert. *Tonkarton mit Aquarellprägung* hat auf einer Seite eine fein strukturierte Oberfläche, während die andere Seite glatt ist.

Duo-Tonkarton ist beidseitig unterschiedlich bedruckt, zum Beispiel eine Seite in Gelb, die andere in Rot.

Regenbogen-Tonkarton (170 bis 180 g/qm) mit Farbverlauf ist leichter als der übliche Tonkarton.

Ton- oder Tonzeichenpapier

Tonpapier (130 g/qm) ist dünner als Fotokarton und Tonkarton und eignet sich für Details und Faltarbeiten. Tonpapier gibt es unifarben oder gemustert.

Bastel-Wellpappe

Bastel-Wellpappe hat eine glatte Seite und eine mit gewellter Oberfläche. Beide Seiten sind farbig bedruckt. Wellpappe gibt es in vielen Farben, auch mit Regenbogenverlauf.

Seidenpapier

Seidenpapier ist ein sehr feines Papier, transparent und doch intensiv in der Farbe.

Faltpapier

Exakt zugeschnittene Faltblätter werden in unterschiedlichen Größen und Papiersorten angeboten. Sie sind quadratisch, rechteckig oder rund.

Regenbogen-Buntpapier

Die Farbverläufe wirken beim Regenbogen-Buntpapier (115 g/qm) durch seine glänzende Oberfläche besonders intensiv.

Transparentpapier

Es gibt dünnes, durchgefärbtes Transparentpapier (42 g/qm) und extra starkes Transparentpapier (130 g/qm), das einseitig unifarben oder mit Mustern bedruckt ist. Beide eignen sich besonders für Laternen und Fensterbilder.

Naturpapiere

Naturpapiere wie die aus Maulbeerbaumrinde hergestellte Strohseide oder das handgeschöpfte Moonrockpapier haben eine strukturierte Oberfläche.

Velourspapier

Velourspapier hat eine beflockte, gefärbte Vorderseite, die Rückseite besteht aus weißem Papier.

Werkzeuge und Hilfsmittel

- Bleistift, Lineal, weicher Radiergummi,
- für Kinder eine abgerundete Bastelschere, für Erwachsene eine Silhouettenschere oder ein Cutter mit Schneideunterlage,
- Klebstoff: Alles- oder Papierkleber, Klebestift,
- Wäsche- oder Büroklammern zum Fixieren,
- Bürolocher oder Lochzange,
- Transparentpapier und Karton für Schablonen.

Zur Technik

Vorlagen übertragen

Die Umrisse des ausgewählten Motivs auf Transparentpapier pausen, die Zeichnung mit einem Klebestift auf Karton kleben und ausschneiden. Diese **Schablone** auf das Werkmaterial legen und ihre Umrisse mit Blei- oder Filzstift nachziehen.

Schneiden

Beim Schneiden das Werkstück in der Hand drehen. Bleistiftlinien wegschneiden oder später mit einem sauberen, weichen Radiergummi entfernen.
Sehr einfach und dekorativ sind auch Schnitte mit Konturenscheren, zum Beispiel in Wellenform.

Kleben

Den Klebstoff immer sehr sparsam und etwas vom Rand entfernt auftragen, damit beim Zusammenpressen der Teile nichts hervorquillt. Passiert das doch, lässt sich überschüssiger Klebstoff mit einem sauberen, weichen Radiergummi entfernen, solange er noch feucht ist.
Für das Aufeinanderkleben von glatten Papierteilen und insbesondere auch für das Verkleben von transparenten Papieren am besten einen Klebestift verwenden.

Fürs Kinderzimmer

Lustiges Türschild

Material

- Moonrockpapier in Rot
- Regenbogen-Wellpappe
- Bastel-Wellpappe in verschiedenen Farben
- Geprägter Tonkarton in Gelb
- Garn- oder Wollrest
- Filzstifte in Rot, Schwarz
- Wieder ablösbare Klebepads

Vorlagen 1a – 1d
Seite 74

1 Den Vogelkörper nach Vorlage 1a aus Moonrockpapier, Schnabel und Schwanzfedern (1b) aus Regenbogen-Wellpappe arbeiten. Beine (1c) und Auge auf gelben Tonkarton übertragen und ausschneiden.

2 Die Beine mit Filzstiften umranden, einen schwarzen Punkt als Pupille ins Auge malen. Das Auge und den Schnabel auf den Körper kleben, die Beine und die Schwanzfedern auf der Rückseite fixieren.

3 Für jeden Buchstaben des Namens ein 5 x 5 cm großes Quadrat aus Wellpappe in beliebiger Farbe und ein Quadrat von 4 x 4 cm aus gelbem Tonkarton ausschneiden (Vorlage 1d). Die gelben Quadrate beschriften und auf den größeren Wellpappekarten fixieren.

4 Die Buchstabenkarten mit Nadel und Garn verbinden und das Fadenende an die Schnabelrückseite kleben.

5 Vogel und Buchstabenkette mit wieder ablösbaren Klebepads an der Zimmertür befestigen.

A
N
N
A

Fröhliche Parade

Material

- Tonkarton oder Wellpappe in verschiedenen Farben
- Transparentpapier in verschiedenen Farben
- Naturpapier in verschiedenen Farben
- Seidenpapierreste
- Verlourspapierreste
- Holzstäbe, z. B. Schaschlikspieße oder Rundstäbe, 0,3 mm Ø
- Holzperlen in verschiedenen Farben, 10 mm Ø
- Lackstifte in Rot, Schwarz
- Eventuell Motivlocher und Konturenscheren

Vorlagen 2a – 2g
Seiten 75, 76

Anleitung Seite 16

Unter Wasser

Material

Fische und Seesterne

- Regenbogen-Tonkarton
- Wackelaugen, 7 mm Ø
- 3D-Wellpappe in Blau
- Papprolle, z. B. von Küchenkrepp
- Holzperlen, z. B. 5 mm Ø
- Nylondraht
- Cutter
- Lange kräftige Nadel

Wasserpflanzen

- Regenbogen-Tonpapier
- Muscheln und Schneckenhäuser
- Knetmasse

Vorlagen 3a – 3f
Seite 76

Fische und Seesterne

Fische und Seesterne nach den Vorlagen 3a bis 3d ausschneiden, die Fische beidseitig bekleben, dabei Nylondraht als Aufhängefaden mit einarbeiten. Bei großen Fischen Wackelaugen aufkleben, bei kleineren Augen aufmalen. Die Papprolle mit Wellpappe bekleben. An einer Seite einen Schlitz einschneiden. Die Schwanzflosse eines großen Fisches abschneiden und den Fisch in den Schlitz stecken. Die Aufhängefäden der Fische mit einer Nadel durch die Papprolle stecken und innerhalb der Papprolle mit Holzperlen sichern. Einen Aufhängefaden längs durch die Papprolle einziehen und die Seesterne aufkleben. *Tipp:* Stattdessen die Aufhängefäden der Fische einfach an einen Holzstab knoten.

Wasserpflanzen

Die Wasserpflanzen von den Vorlagen 3e und 3f auf Regenbogen-Tonkarton übertragen und ausschneiden. Die Pflanzen so mit kleinen Knetkugeln an Muscheln und Schneckenhäuser kleben, dass sie aufrecht stehen.

Fröhliche Parade

Abbildung & Materialangaben Seite 14/15

Die Körper nach Vorlage 2a aus Tonkarton oder Wellpappe schneiden, an den Seiten falten und mit transparentem Papier hinterkleben. Köpfe frei oder nach Vorlage in der Breite der Körper arbeiten. Die Gesichter bemalen oder bekleben. Die Haare mit Velourspapier oder aus Papierstreifen gestalten. Nasen aus Wellpappe aufrollen oder aus Seidenpapier knüllen. Kleider mit Stanzmotiven oder Konturenscheren oder durch das Aufkleben kleiner Utensilien verzieren. Fahnen schneiden und um die Rundstäbe kleben. Holzperlen ober- und unterhalb der Fahne fixieren. Die Körper an den Seiten und Händen zusammenkleben, Fahnenstäbe mit einkleben.

Hampel-Gespenst

Material

- Tonkarton in Weiß
- Musterbeutelklammern
- Rest Garn oder Schnur
- Holzperle in Pink, 15 mm Ø
- Filzstifte in Pink, Rot, Grün, Schwarz
- Buntstifte in Rot, Grün
- Lochzange
- Nadel

Vorlage 4
Seite 77

1 Den Körper des Gespenstes nach der Vorlage zweimal, die Arme vierfach ausschneiden. Die Teile deckungsgleich aufeinander kleben, damit die Hampelfigur stabiler wird.

2 Die Hände mit Filzstift pinkfarben bemalen. Gesicht und Spinnweben aufmalen. Mit einer Schere von den Buntstiften Farbpartikel abschaben und mit der Fingerkuppe auf den gemalten Spinnweben verreiben.

3 Mit der Lochzange an den vorgezeichneten Stellen Löcher stanzen. Körper und Arme nicht zu fest mit Musterbeutelklammern verbinden.

4 An den mit einem kleinen Kreuz bezeichneten Stellen mit der Nadel ein Stück Garn durchziehen und auf der Rückseite verknoten. Die Arme des Gespenstes müssen dabei nach unten zeigen. Ein zweites, etwa 30 cm langes Garnstück in der Mitte des quer gespannten Garns festknoten. Unten eine Perle befestigen.

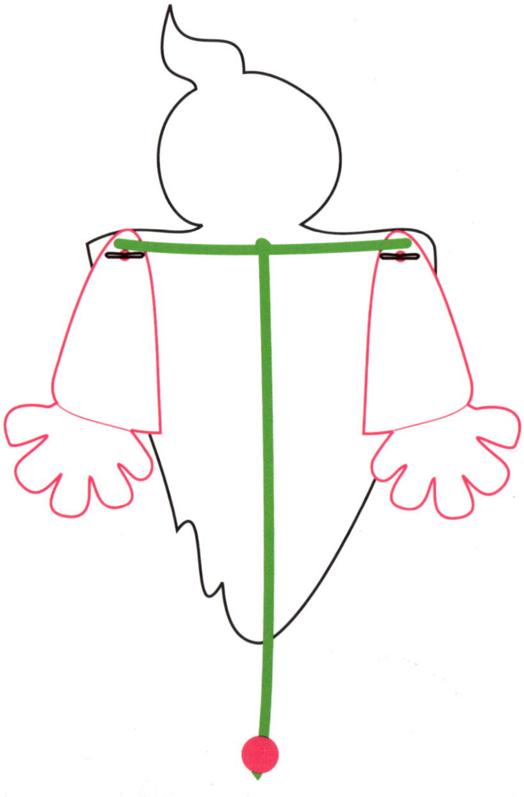

Windspiel

Material

- Jogurt- oder Eisbecher
- Transparentpapier in Weiß, Rot, Hellgrün, je 35 x 50 cm
- Angerührter Tapetenkleister
- Wackelaugen in verschiedenen Größen
- Stickfäden in verschiedenen Farben
- Kleine Metallglöckchen
- Wasserfester Filzstift in Schwarz
- Hammer und Nagel
- Borstenpinsel

1 Von jeder Farbe Transparentpapier etwa 15 verschieden lange Streifen reißen, den Rest in etwa 2 x 2 cm große Stücke.

2 Mit Nagel und Hammer in die Mitte des Becherbodens ein Loch klopfen, dabei macht es nichts, wenn ein Riss entsteht.

3 Von innen den Aufhängefaden durchziehen, an dessen Ende ein Glöckchen knoten.

4 Becher mit Kleister einstreichen, mit Schnipseln bekleben, die wieder mit Kleister bestrichen werden. Zum Schluss rundum die Transparentpapierstreifen ankleistern.

5 Nach dem Trocknen mit Alleskleber Wackelaugen auf zwei Seiten kleben und mit Filzstift Münder aufmalen.

Tipp

Anstelle des Glöckchens eine Holzperle an den Aufhängefaden knoten. Daran einen Faden mit Klangspiel anbringen.

Kleine Ponys

Material

- Geprägter Tonkarton in Weiß, Gelb, Rot, Hellgrün, Grün, Hellbraun, Mittelbraun, Hellgrau, DIN A4
- Fotokarton in Schwarz, DIN A4
- Bastelkarton „Dalmatiner", DIN A4
- Silberkarton, DIN A3
- Zeichenblockkarton, DIN A3
- 12 Wackelaugen, oval, 10 mm Ø
- Filzstift in Schwarz
- Buntstifte in Grau, Braun
- Nylondraht

Vorlagen 5a – 5e
Seiten 78, 79

1 Die Einzelteile nach den Vorlagen aus Tonkarton ausschneiden, alle doppelten Teile gegengleich zuschneiden, die Strukturseite des Kartons ist die Vorderseite. Eines der Ponys zweimal arbeiten.

2 Die Teile zusammenkleben, dabei etwa 30 cm lange Nylonfäden zwischen die Körperformen fassen. Sie sollten am Rücken, etwa beim Mähnenende, herausschauen, beim steigenden Pony am Ohr.

3 Hufe und Konturen mit schwarzem, beim Schimmel mit grauem, beim Rappen mit braunem Stift ergänzen. Wackelaugen aufkleben, Augenbrauen aufmalen.

4 Das Hufeisen aus Zeichenblockkarton zuschneiden und mit Silberkarton bekleben. Die Löcher einschneiden. Drei Nylonfäden in drei der Löcher knoten und oben so zusammennehmen und verknoten, dass das Hufeisen gerade hängt.

5 Die Fäden der Ponys in die Löcher knoten. Grasbüschel um die Fäden kleben, dabei immer zwei gegeneinander fixieren.

Utensilo & Schale

Material

Pappmachémasse

- Zeitungspapier
- Tapetenkleister
- Leeres Konservenglas
- Eventuell Küchenmaschine oder Pürierstab

Utensilo & Schale

- Topf
- Schale
- Vaseline
- Pappmachémasse (siehe oben)
- Zeitungspapier
- Angerührter Tapetenkleister
- Dispersionsfarbe in Weiß
- Acryl-Mattfarben:
  - Utensilo: Gelb, Maigrün, Karmin, Ultramarinblau
  - Schale: Orange, Ultramarinblau
- Pinsel, Wattestäbchen
- Acryl-Seidenglanzlack
- Tafelmesser
- Plastiktüte

Pappmachémasse selber anfertigen

Aus Zeitungspapierschnipseln und Tapetenkleister eine knetfertige Masse herstellen: Mehrere Lagen Zeitungspapier, zum Beispiel 10 Doppelseiten, in etwa 1,5 cm große Quadrate reißen, in heißem Wasser einweichen und einen halben Tag stehen lassen. Die Schnipsel können auch mit Wasser in den Mixer gegeben und durch mehrmaliges Betätigen des Momentschalters vermischt werden. Überschüssiges Wasser ausdrücken.

In ein leeres Konservenglas vier Esslöffel Kleisterpulver geben, mit Wasser auffüllen, verschrauben und gut schütteln. Nach etwa 10 Minuten den Kleister mit dem eingeweichten Papierbrei verkneten, bis eine geschmeidige Masse entsteht.

Utensilo & Schale

1. Topf und Schale jeweils mit Vaseline einstreichen, Pappmachémasse hineindrücken und glatt streichen (etwa 0,5 bis 1 cm dick), dabei bei der Schale zum oberen Rand hin etwas dünner werden.

2. Mehrere Tage auf einer Plastiktüte bei gleich bleibender Wärme trocknen lassen. Danach lässt sich die Papierschüssel leicht herauslösen: Einfach mit einem stumpfen Messer unter den Rand fahren.

3. Auf den breiten Rand des Utensilos im Abstand von etwa 3 cm Pappmachékugeln drücken und glatt streichen. Aus dem dünnen Rand der Schale mit einer spitzen Schere Dreiecke herausschneiden.

4. Die Behältnisse mit einer Schicht Zeitungspapierschnipseln und Kleister überziehen. Nach dem Trocknen mit weißer Dispersionsfarbe deckend grundieren.

5. Nachdem die Grundierung getrocknet ist, Utensilo und Schale bemalen. Blumen und Punkte mit dem Finger oder mit einem Wattestäbchen aufdrücken. Utensilo und Schale eventuell lackieren.

Öko-Wasserlasur
Name

Spiel & Spaß

Drehscheiben

Material

- Tonpapier in heller Farbe
- Musterbeutelklammern
- Farbstifte

Vorlage 6
Seite 80

1 Für jeden Mitspieler die Vorlage der Scheibe zweimal auf helles Tonpapier fotokopieren. Einmal den großen und einmal den kleinen Kreis ausschneiden.

2 Den kleineren Kreis auf den größeren legen und beide mit einer Musterbeutelklammer verbinden. Darauf achten, dass sie exakt in der Mitte sitzt.

3 Gesichter in die Kreisabschnitte malen. Den oberen Teil des Gesichts mit Haaren und Augen auf den kleineren Kreis malen, den unteren Teil mit Mund, Kinn oder Bart auf die größere Scheibe. Auf beiden Scheiben sind Striche als Ansatzpunkte für die Gesichter angebracht.

4 Nach dem Malen folgt der Drehspaß: Immer neue Gesichter und lustige Kombinationen entstehen durch das Drehen der Scheiben.

Tipp

Die Drehscheiben eignen sich auch sehr gut als Spiel beim Kindergeburtstag. Das Basteln, Malen und Spielen macht Spaß und zum Schluss ist die Scheibe noch ein schönes Erinnerungsstück an ein lustiges Kinderfest.

Zauberer & Krokodil

Material

Zauberer

- Regenbogen-Tonkarton
- Regenbogen-Wellpappe
- Rest Wellpappe in Schwarz
- Tonkarton in Gelb, Schwarz
- Filzstifte in Rot, Schwarz
- Motivlocher „Stern", 15 mm
- Lochzange

Krokodil

- Tonkarton in Gelb, Rot, Grün
- Tonpapier in Weiß
- Papierdraht in Rot
- Filzstifte in Grün, Schwarz
- Zackenschere
- Bürolocher

Vorlagen

7a – 7e, 8a – 8d
Seite 81

Zauberer

1 Körper (Vorlage 7a) und Arme (7b) aus gefaltetem Regenbogen-Tonkarton ausschneiden. Den Kopf (7c) aus gelbem, die Schuhe (7d) aus schwarzem Tonkarton anfertigen und den Hut (7e) aus Wellpappe.

2 Das Gesicht aufmalen. Den Hut aufkleben und dabei einige schmale, schwarze Tonpapierstreifen als Haare mit einlegen. Die Haare um einen Stift rund biegen.

3 Kleid und Ärmel mit Streifen aus Wellpappe oder gestanzten Sternchen verzieren. Die Arme jeweils zusammenkleben und zwischen den Lagen des Kleides fixieren. Den Kopf an den Körper kleben.

4 Ein 7 x 3 cm großes Wellpappestück aufrollen und als Zauberstab an die Hand kleben, ein Sternchen anbringen. Die andere Hand mit der Lochzange lochen, hier kommt die Leine des Krokodils hinein.

Krokodil

1 Körper (Vorlage 8a) und Beine (8b, 8c) aus grünem, die Augen aus gelbem Tonkarton ausschneiden. Das Krokodilmaul (8d) einmal aus rotem und einmal aus grünem Karton ausschneiden. Alle Teile den Faltlinien entsprechend falten.

2 Mit schwarzem Filzstift ovale Pupillen in die Augen zeichnen, die Beine grün umranden. Das grüne Maulteil auf weißes Papier kleben und mit der Zackenschere am Rand entlangschneiden, das ergibt die Zähne. Das rote Teil ins Maulinnere kleben.

3 Das Maul am Körper festkleben und die Augen fixieren. Die Füße von unten am Zickzackkörper anbringen. Mit dem Locher bunte Punkte stanzen und auf den Körper kleben. Den Papierdraht als Leine um den Hals wickeln und dem Zauberer in die Hand stecken.

Puppentheater

Material

- Wellpappe in verschiedenen Farben
- Tonkarton in hellen Farben
- Papierreste in verschiedenen Farben
- Schaschlikspieße
- Lineal, Maßband
- Filzstifte in Rot, Blau, Schwarz
- Buntstift in Rosa oder Pink

Vorlagen 9a – 9m
Seite 82

Spielfiguren

1 Für jede Figur ein lang gezogenes Dreieck (9a) auf die Rückseite der Wellpappe anzeichnen und ausschneiden. Einen Schaschlikspieß auf eine Länge von 6 cm kürzen. Die Wellpappe um den Spieß wickeln und festkleben. Für die Arme einen Streifen (9j) aus Tonkarton schneiden, den Spieß durch die Mitte stecken und die Hände umbiegen oder einrollen.

2 Eine Halskrause oder einen Kragen nach den Vorlagen 9k bis 9m zuschneiden und den Spieß durch die Mitte der Form stecken. Gesichter aus hellem Tonkarton schneiden und bemalen oder bekleben. Dabei die Kopfform jeweils doppelt arbeiten, sie wird von hinten und von vorn gegen den Schaschlikspieß geklebt.

Minitheater

Nach Vorlage 9f eine Schablone anfertigen (siehe Seite 9), auf die Rückseite der Regenbogen-Wellpappe übertragen und ausschneiden. Die Seitenteile an den gestrichelten Linien nach hinten falten.

Tipp

Die Spielfiguren können auch als kleine Kasperlefiguren benutzt werden. Dafür den Spieß nicht kürzen, sondern unten am Körper herausschauen lassen, damit die Figur gut gehalten werden kann.

Schnapptiere

Material

- Quadratisches Faltpapier mit Streifen in Gelb-Schwarz, 15 x 15 cm
- Quadratisches Faltpapier mit Pünktchen in Schwarz-Rot, 15 x 15 cm
- Tonpapierreste in Gelb, Rot, Hautfarbe, Schwarz
- Wackelaugen, oval, 15 mm
- Wackelaugen, rund, 10 mm Ø
- Webpelzrest in Schwarz
- Pompons in Rot, Orange, 10 mm Ø
- Filzstift in Rot

Vorlagen 10a – 10d
Seite 83

Beide Motive nach der als „Himmel-und-Hölle“ bekannten Faltung arbeiten.

1 *Beide Diagonalen eines Papierquadrates falten.*

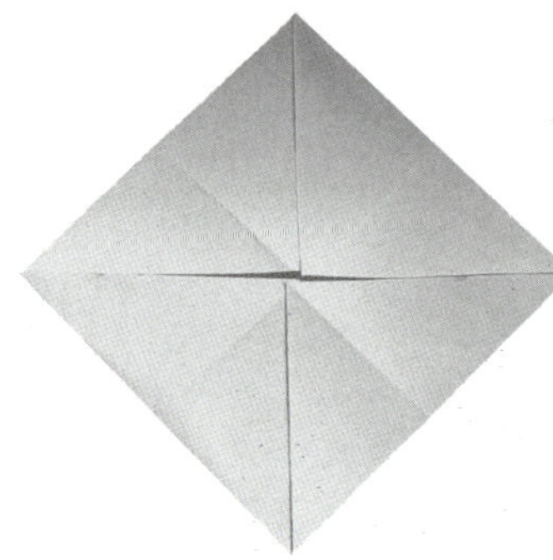

2 *Alle Ecken zur Mitte falten und die Faltarbeit wenden.*

3 *Alle Ecken zur Mitte falten.*

Das sieht dann so aus.

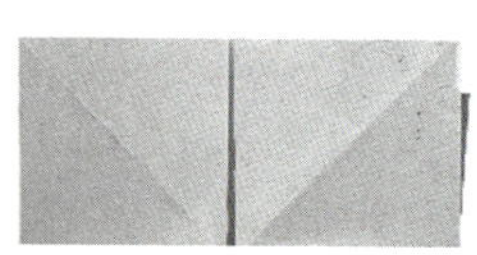

4 *Das Quadrat entlang der Mittellinie falten.*

5 *Die Finger in die entstandenen Öffnungen stecken, die Papierspitzen zur Mitte führen.*

Zwei gegenüberliegende Innenflächen so aneinander kleben, dass ein Ober- und ein Unterkiefer entsteht. Die Gesichter ausarbeiten.

Vogelmasken

Material

- Regenbogen-Tonkarton
- Reste von Fotokarton in Gelb, Rot
- Marabufedern in verschiedenen Farben
- Hutgummi
- Cutter
- Lochzange oder spitze Nadel

Vorlagen 11a, 11b
Seite 83

1 Die Masken nach den Vorlagen so aus Regenbogen-Tonkarton ausschneiden, dass jede einen anderen Farbverlauf zeigt. Die Öffnungen für die Augen mit dem Cutter ausschneiden (Erwachsene).

2 Den Schnabel aus unifarbenem Fotokarton schneiden und aufkleben. Die Marabufedern der Abbildung entsprechend anbringen.

3 An beiden Seiten Löcher stanzen oder stechen. Hutgummi einziehen, die Länge dem Kopfumfang anpassen und verknoten.

Tipp

Für eine Eulen-Maske die Grundform aus braunem oder ockerfarbenem Tonkarton ausschneiden.

Papierflieger

Material

Beide Flieger
- Lineal

Clown
- Kopierpapier in Weiß, 80 g, DIN A4
- Tonpapier in Rot, Blau

Drachenflieger
- Tonpapier in Gelb, 130 g, 23 x 33 cm
- Regenbogen-Buntpapier, 115 g
- Filzstifte

Vorlagen 12, 13
Seite 84

Den Flieger sanft nach vorne abwerfen. Sollte er zu schnell nach unten fliegen, die hinteren Flügelecken leicht nach oben biegen.

Clown oder **Drachenflieger** nach folgender Anleitung falten:

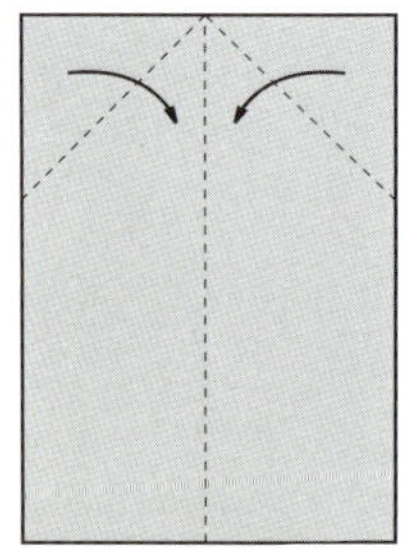

1 *Das Blatt in der Mitte falten und wieder öffnen. Linke und rechte Ecke zur Mittellinie falten.*

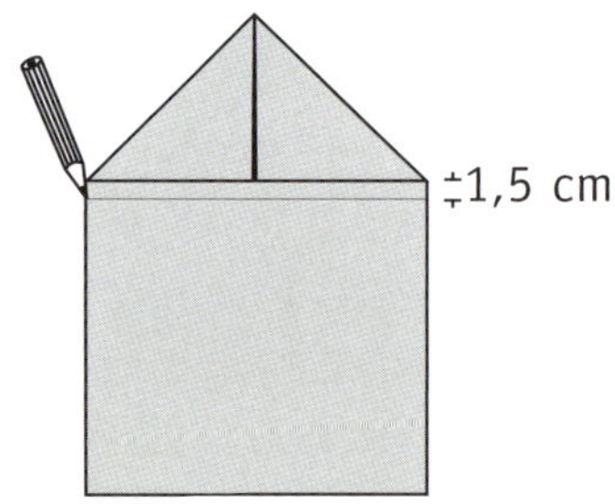

2 *Linie einzeichnen und diese mit Lineal und Scherenspitze vorrillen.*

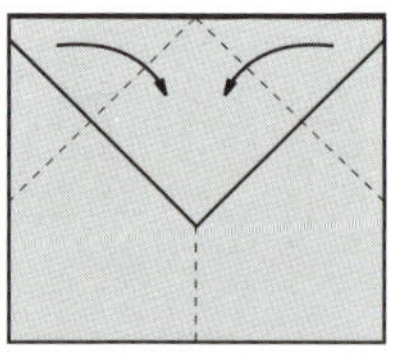

3 *Die Spitze entlang dieser Linie nach unten falten. Linke und rechte Ecke zur Mittellinie falten.*

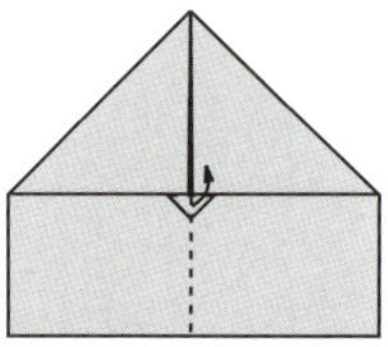

4 *Die kleine Spitze nach oben umlegen, dann den Flieger wenden und in der Mitte falten.*

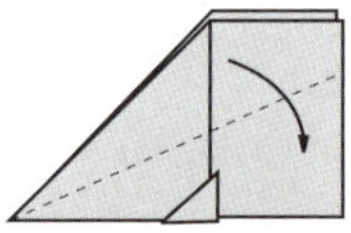

5 *Die Seitenflügel nach unten bündig umfalten.*

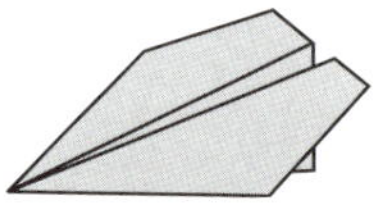

So sieht der fertige Flieger aus. Nun noch als Clown oder Drachenflieger gestalten.

Die Deckfläche des **Clowns** mit einem Gesicht bemalen. Nase und Haltestreifen nach Vorlage 12 ausschneiden. Den Haltestreifen wie angegeben falten. Die Mitte zwischen Nase und Heck des Fliegers mit Bleistift markieren und den Streifen genau in den Falz kleben. Rote Nase fixieren.

Die Deckfläche des **Drachenfliegers** mit Regenbogen-Buntpapier oder mit Filzstiften dekorieren. Beachten, dass aufgeklebtes Papier die Gewichtsverhältnisse im Flieger ändert. Den Piloten und den Haltestreifen aus Regenbogen-Buntpapier nach Vorlage 13 ausschneiden und ganz vorn unter die Tragflächen kleben.

Gleiter

Material

- Kopierpapier in Weiß, Blau, 80 g, DIN A4
- Rest von Regenbogen-Buntpapier, 115 g
- Filz- oder Buntstifte

Vorlage 14
Seite 85

Anleitung Seite 85

Kleine Geschenke

Papierblüten

Material

- Transparentpapier, 35 x 50 cm
- Bastelhölzer, 20 x 150 mm
- Bügelperlen
- Bügelperlenplatte, rund, 8 cm Ø
- Backpapier
- Bügeleisen

1 Die Bügelperlen auf die Platte setzen. Wenn das Muster fertig gesteckt ist, das Backpapier auflegen.

2 Das Bügeleisen auf mittlere Hitze einstellen und so lange über die Perlen bügeln, bis sie unter dem Backpapier schmelzen. Warten, bis die Perlen etwas abgekühlt sind und das Backpapier von den Perlen abziehen. Das Perlenbild von der Platte abnehmen.

3 Transparentpapier in zwei Streifen, 10 x 50 cm, schneiden. Die Streifen in 2 cm breitem Zickzack falten (siehe Zeichnung).

4 Im zusammengefalteten Zustand an einem Ende spitz zuschneiden. Die beiden Streifen aneinander kleben und zum Kreis auffächern. Den Kreis zusammenkleben und dabei ein Bastelholz einlegen.

5 Aus Fotokarton zwei Kreise, 9 cm Durchmesser, zuschneiden, einseitig mit Klebstoff bestreichen und von vorn und hinten auf die Mitte des Faltkreises kleben. Bügelperlenkreise anbringen.

Zickzackfaltung

1 *Von einem Papierbogen einen schmalen Streifen umfalten.*

2 *Den Papierbogen umdrehen und den Streifen auf gleicher Breite zurückfalten.*

3 *Das Papier falten und wenden, bis der Bogen verarbeitet ist.*

Karten

Material

- Tonkarton oder Wellpappe in verschiedenen Farben
- Papierreste aller Art zum Verzieren
- Lineal
- Zierrandschere

Vorlagen 15, 16
Seite 80

Alle Karten

Für die Herstellung der Karten jeweils ein Rechteck aus Tonkarton oder Wellpappe in der gewünschten Größe zuschneiden. Die Mittellinie mit Bleistift und Lineal leicht anzeichnen. Das Lineal an die Mitte legen und die Linie am Lineal entlang mit der geschlossenen Schere falzen (vorrillen). So lässt sich die Falte leichter knicken.

Blaue Karte und Karte mit Fisch

Ein Rechteck beziehungsweise einen Fisch nach Vorlage 15 ausschneiden. Die Motivformen in streifenförmige Abschnitte schneiden, dabei einige Abschnitte auch mit einer Zierrandschere. Die Abschnitte puzzleartig wieder zusammensetzen und aufkleben, dabei die Abstände leicht verschieben.

Karte mit Stern und gelbe Karte

Für die Karte mit Stern die Sternform nach Vorlage 16 aus Tonpapier ausschneiden. Die auf der Zeichnung markierten Teile des Sterns ausschneiden und der Abbildung entsprechend aufkleben. Das Motiv der gelben Karte ist auf die gleiche Art entstanden. Aus einem Rechteck kleine Teile ausschneiden, nach außen klappen und fixieren.

Schmuck

Material

- Wellpappe in verschiedenen Farben
- Regenbogen-Wellpappe
- Tonpapier in Grün, Rosa
- Holzperlen:
  - in Natur, 25 mm Ø
  - in Rot, 10 mm Ø
  - in Gelb, Pink, Schwarz, 6 mm Ø
- Satinband
- Gummifaden
- Wollfaden
- Lineal, Maßband
- Stricknadel
- Dünner Filzstift

Ketten und Ohrringe

Für jeweils eine Papierperle die unten abgebildeten Dreiecke aus Wellpappe ausschneiden und am breiten Ende über einer Stricknadel aufrollen: für die Regenbogenkette Dreieck 1, für die pastellfarbene Kette Dreieck 2, für den Ohrring Dreieck 1. Nach der ersten Windung mit Klebstoff fixieren. Eine Spur Klebstoff über den ganzen Streifen ziehen und weiter aufrollen.
Perlen mit einem Gummifaden zur Kette aufziehen, wer mag, kann dazwischen Holzperlen auffädeln.
Für den Ohrring ein Satinband, 28 cm lang, doppelt nehmen und verknoten. Erst die Holzperlen, dann die Papierperle auffädeln.

Schlüsselanhänger

Auf die Naturholzperle ein Gesicht malen. Für Arme und Beine Dreieck 3 jeweils zweimal aus Tonpapier schneiden und aufrollen. Wellpappestreifen, 2,5 x 20 cm, schneiden und zum Körper aufwickeln. Auf zwei Wollfäden jeweils eine kleine Perle, dann eine Papierperle ziehen. Beide Fäden durch den Körper und die bemalte Holzperle ziehen. Die Wollfäden oben verknoten, zwei weitere Fäden als Haare dazubinden. Die Arme wie die Beine arbeiten, die Enden der Wollfäden zwischen Kopf und Körper festbinden.

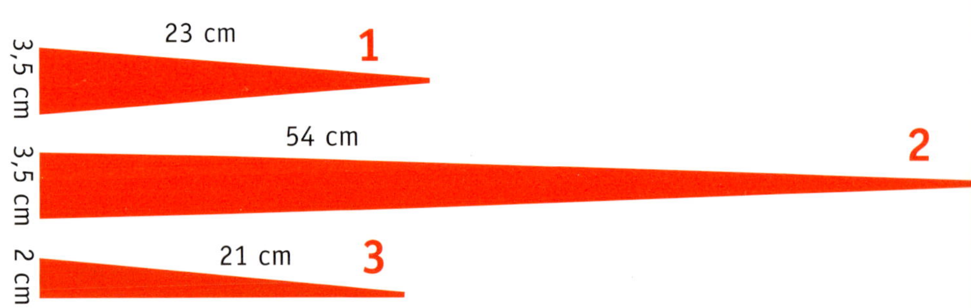

Kleine Schachteln

Material

- Falt- oder Geschenkpapier, 15 x 15 cm oder 20 x 20 cm

1 *Die Diagonalen falten und das Blatt wenden.*

2 *Alle Ecken zur Mitte falten.*

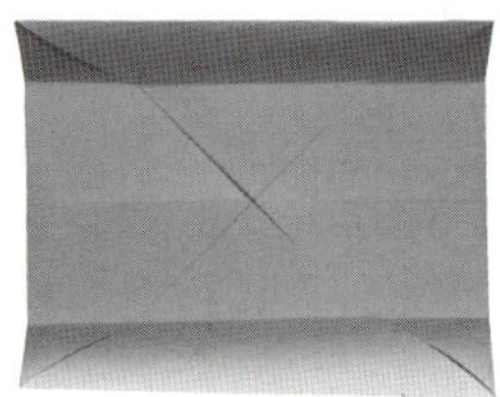

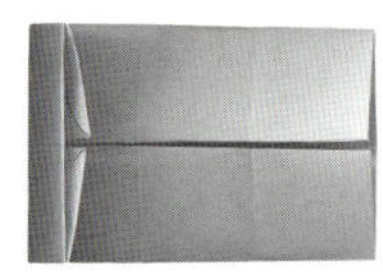

3-4 *Die Arbeit falten, bis ein gleichmäßiges Netzgitter entsteht und alles wieder öffnen.*

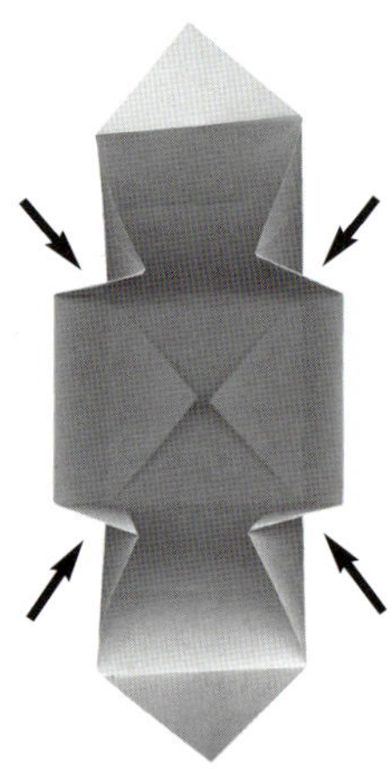

5 *Zwei gegenüberliegende Ecken zum Mittelpunkt falten und als Schachtelwände aufstellen.*

6 *An allen vier Eckpunkten der späteren Schachtel die kleinen Diagonalen eindrücken.*

7 *Die anderen Wände aufstellen und über die kleinen Dreiecke an den Schachtelecken ins Innere einschlagen.*

Stiftstecker

Material

Pappmachémasse

- Zeitungspapier
- Tapetenkleister
- Leeres Konservenglas
- Eventuell Küchenmaschine oder Pürierstab

Stiftstecker

- Blei- oder Buntstifte
- Verschiedene Acryl-Mattfarben
- Acryl-Seidenglanzlack, transparent
- Pluster-Pen in Weiß, Schwarz
- Filzstift in Schwarz
- Wollreste

Pappmachémasse selber anfertigen

Aus Zeitungspapierschnipseln und Tapetenkleister eine knetfertige Masse herstellen: Mehrere Lagen Zeitungspapier, zum Beispiel 10 Doppelseiten, in etwa 1,5 cm große Quadrate reißen, in heißem Wasser einweichen und einen halben Tag stehen lassen. Die Schnipsel können auch mit Wasser in den Mixer gegeben und durch mehrmaliges Betätigen des Momentschalters vermischt werden. Überschüssiges Wasser ausdrücken.
In ein leeres Konservenglas vier Esslöffel Kleisterpulver geben, mit Wasser auffüllen, verschrauben und gut schütteln. Nach etwa 10 Minuten den Kleister mit dem eingeweichten Papierbrei verkneten, bis eine geschmeidige Masse entsteht.

Stiftstecker

1. Je nach Motiv aus Pappmachémasse eine Kugel, ein Ei, eine dicke Scheibe oder ein Herz um ein Stiftende drücken.

2. Kleine Kugeln und Fladen aus Pappmachémasse formen und als Flügel, Nasen und Ohren andrücken. Ansatzränder glatt streichen.

3. Die Pappmachémasse trocknen lassen. Nach dem Trocknen die Formen grundieren, danach mit Acrylfarben anmalen. Feine Muster mit dem Pluster-Pen oder Filzstift aufbringen.

4. Für die Haare des Jungenkopfes zehn 5 cm lange Wollfäden zusammenbinden und aufkleben.

5. Alle Stiftstecker dünn mit Seidenglanzlack überziehen und trocknen lassen.

Mia

Bilderrahmen

Material

- Fotos
- Wellpappe oder anderes festes Papier
- Papierreste in verschiedenen Farben

1 Aus Wellpappe oder anderem festem Papier ein Viereck schneiden, das größer ist als die Fotografie.

2 Aus Papierresten kleine Quadrate, Rechtecke oder Dreiecke oder auch ganz unregelmäßige Formen schneiden.

3 Das Foto aufkleben. Die Mosaikformen dicht an dicht oder in lockerer Anordnung um die Fotografie kleben.

Tipp

Die einfachen Rahmen eignen sich auch für gemalte Bilder.

Lesezeichen

Material

- Fotokarton, z. B. in Weiß, Gelb, Orange, Pink, Flieder, Hellgrün, Grün, Blau, Braun
- Bügelperlen
- Bügelperlen-Platte, quadratisch
- Backpapier
- Bügeleisen

Vorlagen 17 – 22
Seiten 86, 87

1 Die Bügelperlen auf die Platte setzen. Wenn das Muster fertig gesteckt ist, das Backpapier auflegen.

2 Das Bügeleisen auf mittlere Hitze einstellen und so lange über die Perlen bügeln, bis sie unter dem Backpapier schmelzen. Warten, bis die Perlen etwas abgekühlt sind und das Backpapier von den Perlen abziehen. Das Perlenbild von der Platte abnehmen.

3 Die Lesezeichen nach den Vorlagen zuschneiden. Die Schwanzspitze des Löwen, die Baumkrone und die drei Mittelstreifen der Straße jeweils doppelt ausschneiden und von beiden Seiten auf das entsprechende Lesezeichen kleben.

4 Die Perlenmotive auf die Lesezeichen kleben.

Wirsch

Rund ums Jahr

Frühling

Material

- Transparentpapier mit Regenbogenverlauf, extra stark
- Moonrockpapier oder Wellpappe in verschiedenen Farben
- Tonkartonreste in verschiedenen Farben
- Geschenkband in Blau, 3 mm
- Biegeplüsch in verschiedenen Farben
- Holzperlen, 7 mm Ø
- Locher

Vorlagen

23a – 23c, 24a, 24b
Seiten 87, 88

Anleitung Seite 62

Ostern

Material

Hasentüten

- Packpapier, extra stark
- Tonpapier in Gelb, Orange, Rot, Blau, Hellgrün
- Paketschnur
- Holzperlen in Rot, 8 mm Ø
- Filzstift in Schwarz
- Gelstift in Weiß
- Buntstift in Braun
- Kleiner Seitenschneider
- Stopfnadel

Kükenleporello

- Fotokarton in Gelb
- Tonpapier in Orange, Rot, Blau, Dunkelblau, Hell- und Dunkelgrün
- Packpapier, extra stark

Vorlagen

25a – 25d, 26
Seite 89

Hasentüten und Kükenleporello

Die **Hasentüten** von der Vorlage auf Packpapier übertragen und ausschneiden. Augen und Mund mit Filzstift zeichnen, mit Gelstift Lichtpunkte in die Augen setzen. Das Innere der Ohren mit Buntstift aufmalen. Für die Nasen Holzperlen mit der Zange vorsichtig halbieren. Drei 4 cm lange Paketschnüre als Barthaare unter jede Perle legen und alles fixieren.
Für Arme und Beine jeweils 7 cm bzw. 5 cm lange Schnurstücke zwischen Hand- und Fußteile kleben. Mit einer Nadel Löcher in die Tüte stechen, die Schnüre einfädeln und die Enden innen verknoten. Die Falzlinien falten und die Tüte zusammenkleben. Eier, Möhren und Tulpen aus Tonpapier anfertigen und unter den Händen fixieren.
Die **Küken** beliebig oft aneinander gereiht von der Vorlage auf Fotokarton übertragen und ausschneiden. Flügel aus Packpapier und die restlichen Motivteile aus Tonpapier anfertigen. Schnabel, Kamm und Augen aufmalen. Die Flügel fixieren und dabei die Blüten, Möhren und Eier mit einkleben. Das Leporello wie eine Ziehharmonika falten.

Frühling

Abbildung & Materialangaben Seite 60/61

Für die **Raupe** Kopf (Vorlage 23a), Schwanz (23b) und beliebig viele Körperabschnitte (23c) ausschneiden. Die Körperabschnitte falten und alle Teile aneinander kleben. Augen, Mund und Füße (23d) aus Tonkarton schneiden, auf Vorder- und Rückseite der Raupe kleben. Zwei Papierstreifen über die Schere ziehen und als Fühler fixieren. An den Füßen kleine Schleifen anbringen. Mit dem Locher Punkte stanzen und auf dem Körper fixieren.
Für die **Schmetterlinge** die Flügel (24a) aus Transparentpapier schneiden und nach der Anleitung von Seite 44 im Zickzack falten. Den Körper (24b) aus Moonrockpapier arbeiten. Flügel und zwei Biegeplüschstücke zwischen die Körperlagen kleben. Holzperlen auf den Fühlern fixieren.
Das Gesicht der **Sonne** frei aus Tonkarton, Strahlen und Wolken aus Transparentpapier schneiden. Die Strahlen überlappend um das Gesicht kleben.

Sommer

Sonnenschilder, Schmuck und Fächer

Material

- Geprägter Tonkarton in Weiß, Gelb, Orange, Rot, Blau, Grün
- Bastelkarton mit Streifen in Weiß-Rot
- Satinband in Blau, 5 mm breit
- Holzperlen in Gelb, Rot, Grün, 15 mm Ø
- Motivlocher:
  - „Sonne“, groß
  - Eventuell „Kreis“, klein, mittelgroß
  - „Herz“, groß
- Locher oder Lochzange
- Hutgummi

Vorlagen

27a, 27b, 28a, 28b
Seite 90

Die **Sonnenschilder** nach Vorlage 27a ausschneiden, an beiden Seiten lochen, Hutgummi einziehen. Die Schilder mit gestanzten Motiven wie Sonnen, Herzen oder Kreisen ausschmücken. Die Kreise und Herzen können auch nach Vorlage 27b ausgeschnitten werden.
Für die **Kette** die Holzperlen auf Hutgummi fädeln und diesen am Ende zusammenknoten.
Für den gelben **Fächer** ein Rechteck aus Tonkarton von 50 x 22 cm alle 2 cm mit dem Falzbein vorritzen und anschließend nach der Anleitung von Seite 44 wie eine Ziehharmonika falten. Ausgestanzte Sonnen aufkleben. Den Fächer an einem Ende zusammennehmen und mit Satinband umwickeln.
Für das rote **Armband** einen 3,5 cm breiten Tonkartonstreifen von 25 cm Länge zuschneiden und mit einem nach Vorlage 28 ausgeschnittenen Herzen verzieren.

Igellaterne

Abbildung & Materialangaben Seite 66

Vorlage 30 auf Tonkarton in vier verschiedenen Farben übertragen und ausschneiden. Den Igel mit dem Cutter (Erwachsener) ausschneiden. Die Faltlinien falzen, dann den oberen und unteren Kreisabschnitt nach innen, die seitlichen Abschnitte nach außen falten. Für die Bodenplatte den Kreis von Vorlage 30 in der fünften Farbe ohne Igel ausschneiden.
Die Igelausschnitte mit gelbem Transparentpapier hinterkleben. Das Gesicht jeweils aus Regenbogen-Transparentpapier arbeiten und fixieren. Viele kleine, unregelmäßige Dreiecke als Stacheln überlappend aufkleben, dabei das Gesicht und den unteren Teil des Igels aussparen. Für die Augen Punkte mit dem Locher stanzen und aufkleben.
Den Kerzenhalter auf der Bodenplatte anbringen. Die Igelkreise an den seitlichen Kreisabschnitten aneinander kleben und auf dem Boden fixieren.

Herbst

Material

Vogelscheuche & Rabe

- Tonkarton in Gelb, Schwarz
- Tonkartonreste in Weiß, Orange, Rot
- Wellpappe in Orange
- Naturpapier in Rot
- Seiden- oder Krepppapier
- Biegeplüsch in Orange
- Holzperlen in Gelb oder Orange, 15 mm Ø
- Federn in Schwarz
- Perlgarn
- 2 Äste, 60 und 100 cm
- Blumendraht
- Rest Schafwolle
- Bast, Seegras o. Ä.
- Locher

Igellaterne

- Tonkarton in 5 Farben
- Transparentpapier in Gelb, Regenbogen
- Tonpapier in Schwarz
- Kerzenhalter
- Cutter
- Locher

Vorlagen 29, 30
Seite 91

Vogelscheuche

Die Äste mit Draht zu einem Kreuz fest verbinden. Den Kopf der Vogelscheuche nach Vorlage 29 aus gelbem Tonkarton doppelt ausschneiden. Augen, Mund und Hut jeweils zweifach anfertigen und fixieren. Ein lang gezogenes Dreieck aus Wellpappe aufrollen und als Nase festkleben. Beide Kopfteile gegeneinander kleben und auf den langen Ast setzen. Anstelle der Ohren grünen Bast anknüpfen und Schafwolle unter der Hutkrempe als Haare fixieren. Seegras um den Hals binden. Schmale Streifen aus transparenten Papieren oder Krepppapier in verschiedenen Farben schneiden, über den quer gelegten Ast hängen, mit Klebstoff fixieren.

Raben

Aus Tonkarton ein Quadrat, 10 x 10 cm, schneiden und diagonal falten. Die beiden Ecken, die an die gefaltete Seite grenzen, abschneiden. An einem Ende eine Feder, am anderen Ende einen dreieckigen gelben Schnabel zwischen den Lagen fixieren. Augen schneiden, für die Pupillen Punkte mit dem Locher stanzen. Zwei 4 cm lange Biegeplüschstücke zuschneiden. An einem Ende eine Perle mit Klebstoff fixieren, das andere Ende zwischen die Körperlagen kleben. Aufhänger aus Perlgarn anbringen.

Igellaterne

Die Laterne nach der Anleitung von Seite 64 basteln. Mit einer Aufhängung aus Laternendraht oder passenden Geschenkbändern wird aus der Tischlaterne eine Martinslaterne.

Advent

Material

Windlicht

- Großes Jogurtglas
- Regenbogen-Transparentpapier, extra stark
- Transparentpapier in Gelb, extra stark
- Papierdraht in Gelb, Rot
- Motivlocher „Stern", 15 mm
- Maßband, Lineal
- Klebestift
- Teelicht

Fenstersternchen

- Regenbogen-Transparentpapier
- Transparentpapier in Gelb, Rot, Blau, extra stark
- Motivlocher „Stern", 15 mm
- Klebestift

Vorlage 31
Seite 92

Kerzen nie unbeaufsichtigt brennen lassen!

Windlicht

Aus gelbem Transparentapier einen 7 cm breiten Streifen schneiden und mit Klebestift um das Glas kleben. Einen 3,5 cm breiten Streifen Regenbogen-Transparentpapier gleicher Länge zuschneiden, Sterne ausstanzen und den Streifen mittig auf den gelben kleben. Mit Sternchen verzieren.
Für den Henkel gelben Papierdraht zur Kordel drehen, an beiden Enden Haken formen. Roten Papierdraht zweimal um den Glashals legen, den Henkel einhängen und die Enden des roten Drahts zusammendrehen.

Fenstersternchen

Für einen Stern zwei Dreiecke nach Vorlage 31 schneiden und mit Klebestift versetzt aufeinander kleben. Mit dem Motivlocher kleine Sternchen stanzen, auf die Sternspitzen und die Sternmitte kleben.

Winter

Abbildung & Materialangaben Seiten 72/73

Schneemann-Lichterkette

Die Körper (34a) aus Transparentpapier arbeiten und die Klebestege falten. Gesichter, Mützen und Schals aus Tonkarton schneiden, die Gesichter bemalen. Klebefilm um jedes Lämpchen wickeln, zwischen die Klebestege stecken und zusammenkleben. Die Kabel mit Klebefilm so fixieren, dass sie seitlich wegführen. Die Köpfe auf die Körper kleben.

Wolken-Lichterkette

Wolken ausschneiden. Die Kreuze mit dem Cutter einschneiden (Erwachsener). Die Lämpchen von oben durch die Kreuze stecken, von unten mit Klebefilm umwickeln und an den Wolken fixieren. Perlenketten anbringen.

Weihnachten

Material

- Wellpappe mit weißen Punkten in Rot, Grün
- Wellpappe in Braun
- Tonkarton in Weiß
- Geschenkband in Rot, 10 mm breit
- Schaschlikspieß
- Holzperlen in Weiß, Rot, Schwarz, 15 mm Ø
- Perlgarn in Rot
- Filzstifte in Rot, Schwarz
- Buntstift in Rot oder Orange
- 4 gerade Zweige, Reisig
- Blumendraht

Vorlagen 32, 33
Seite 92

Hängender Nikolaus

Den Körper des Nikolaus nach Vorlage 32 aus roter Wellpappe doppelt arbeiten. Den Bart ebenfalls zweifach ausschneiden, Augen und Mund aufmalen. Von einem roten Farbstift Farbpartikel abschaben, mit dem Finger aufnehmen und als Gesichtsfarbe auftragen. Die Bärte aufkleben. Für die Beine jeweils eine schwarze Perle auf rotes Geschenkband, 10 cm lang, ziehen, die Bandenden zwischen die beiden Körperlagen kleben. Perlgarn zum Aufhängen anbringen, eine weiße Perle als Mützenabschluss aufziehen. Rute aus Reisig anbringen.

Nikolaus im Rahmen

Vier gerade Zweige, etwa 30 cm lang, mit Blumendraht zu einem Rahmen binden. Den Nikolaus wie oben beschrieben arbeiten, nur die Perlen-Füße mit Draht anbringen: Den Draht um den Ast wickeln, durch eine schwarze Perle ziehen und zwischen den Körperlagen bis zur Mütze führen. Dort eine rote Perle aufziehen und am Ast festbinden. Für die Arme das rote Geschenkband zwischen die Lagen kleben, links und rechts am Rahmen festbinden, die Schleifen bilden die Hände. Geschenkband als Aufhänger anbringen.

Tannenbäumchen

Drei Dreiecksformen nach Vorlage 33 aus Wellpappe schneiden und längs in der Mitte falten. Den Schaschlikspieß an einem Ende mit Klebstoff bestreichen und einen Streifen Wellpappe, 3 x 70 cm, um den Spieß aufrollen. Die Dreiecke so um den Stab kleben, dass seine Spitze oben übersteht. Eine Holzperle auf die Baumspitze kleben und unten am Stamm eine Schleife anbringen.

Winter

Material

Schneemann-Lichterkette

- Lichterkette, 10er
- Transparentpapier „Schneekristalle" in Weiß, Blau
- Transparentpapier „Punkte" in Weiß
- Tonkarton in Weiß, Blau, Grün, Violett
- Filzstifte in Orange, Rot, Schwarz
- Lackstift in Weiß
- Doppelseitiges Klebeband, transparent
- Motivlocher „Herz", „Stern" oder „Schneekristall", 15 mm

Wolken-Lichterkette

- Lichterkette, 10er
- Transparentpapier „Schneekristalle" in Blau
- Holzperlen in Weiß, 15 mm Ø
- Doppelseitiges Klebeband, transparent
- Nadel, Faden in Weiß
- Cutter

Vorlagen 34a, 34b, 35
Seite 93

Anleitung Seite 68

Vorlagen

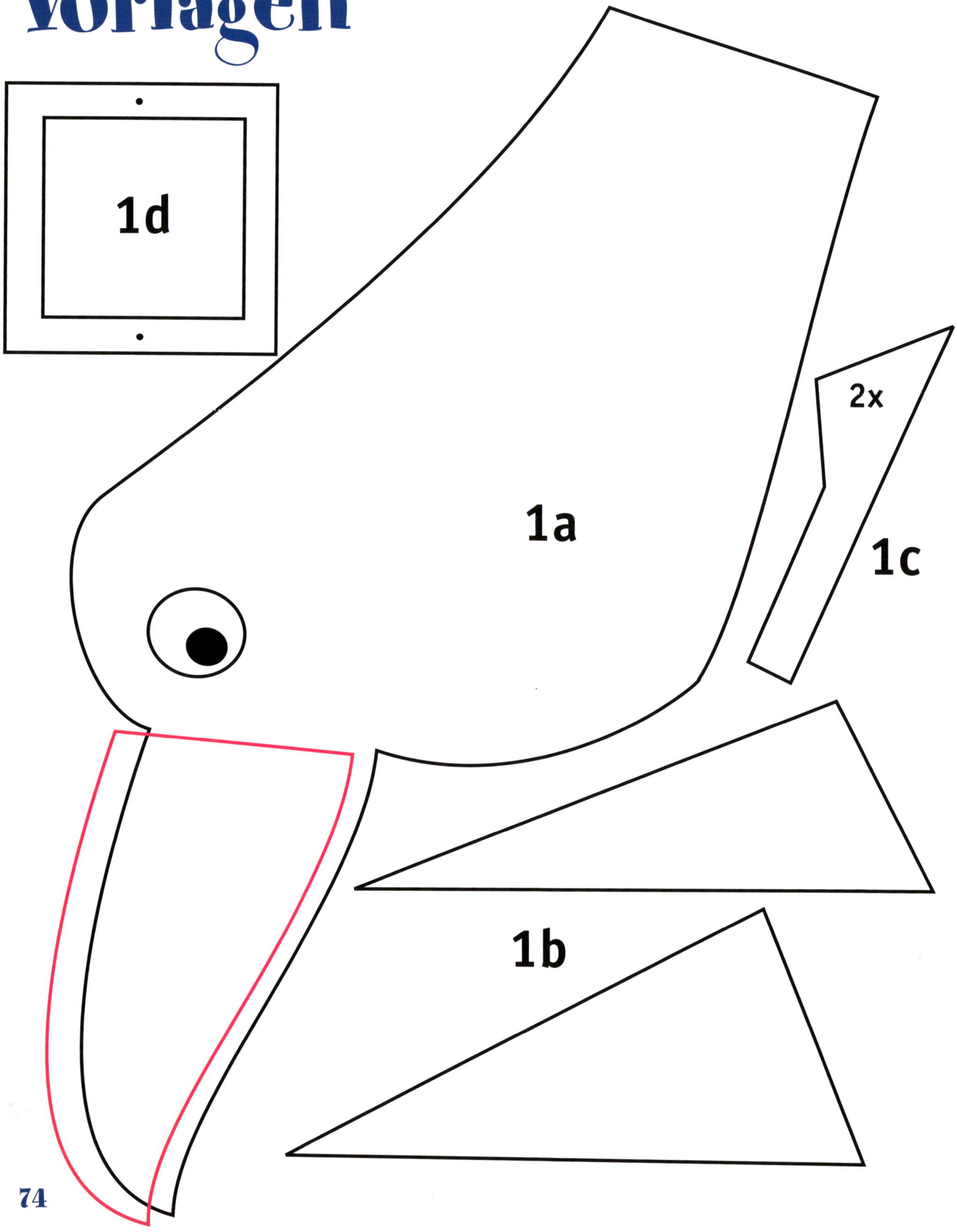

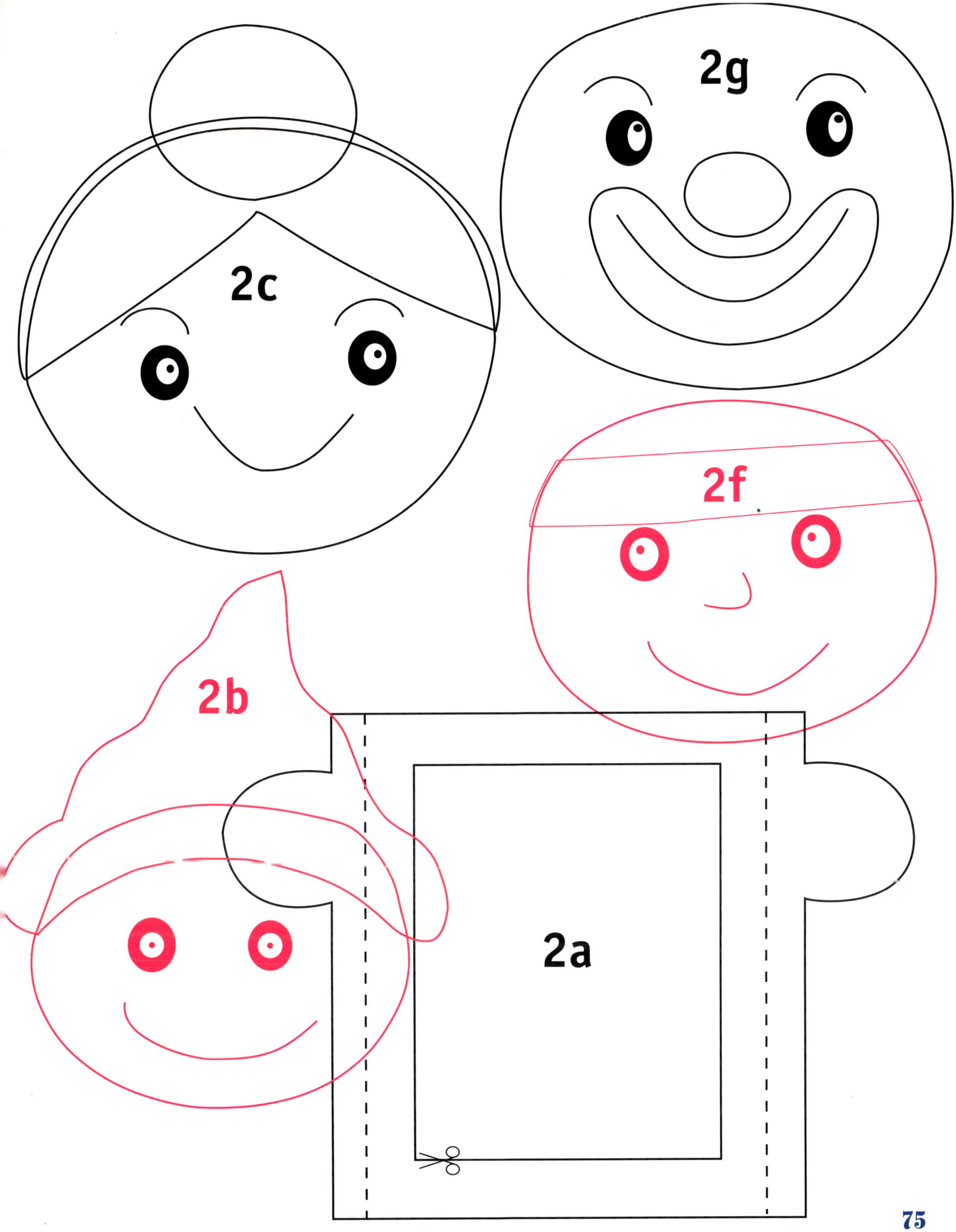

2c
2g
2f
2b
2a

3a
2x
3b
2x
3f
2e
3c
2x
2d
3e
3d

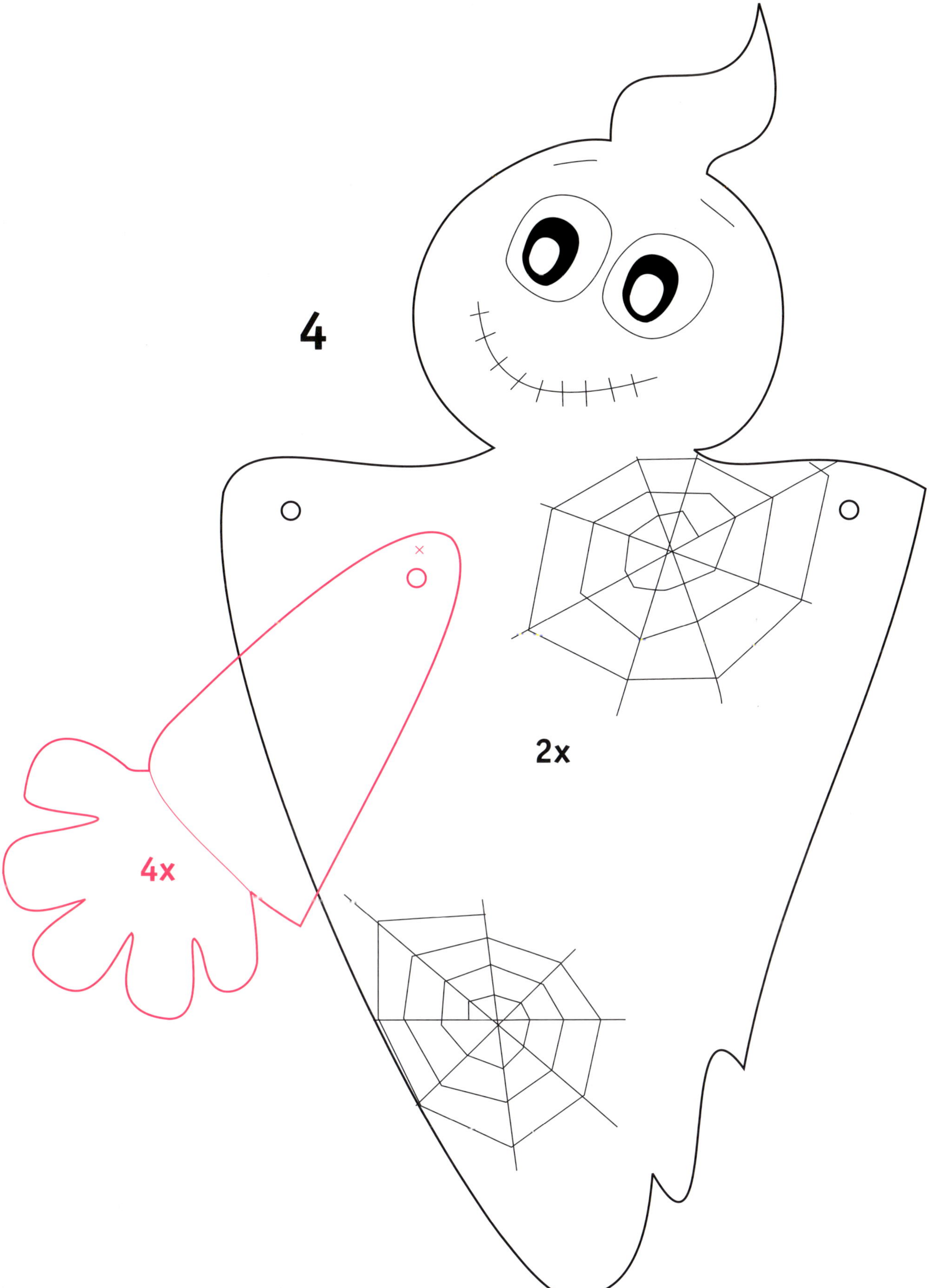
4
2x
4x

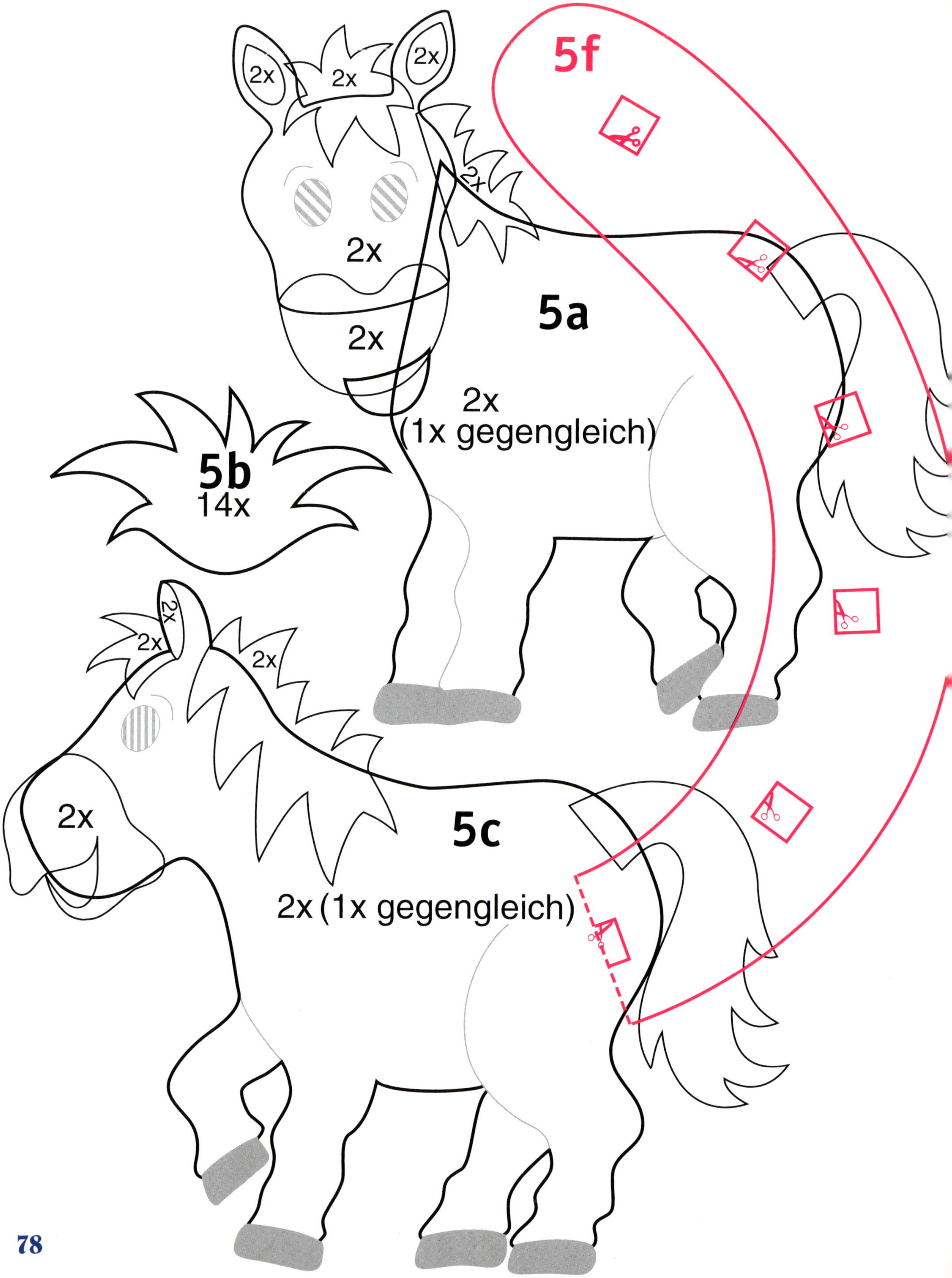
5f
2x
2x
2x
2x
2x
2x
5a
2x
(1x gegengleich)
5b
14x
2x
2x
2x
2x
5c
2x (1x gegengleich)

2x
2x
2x
2x (1x gegengleich)
5d

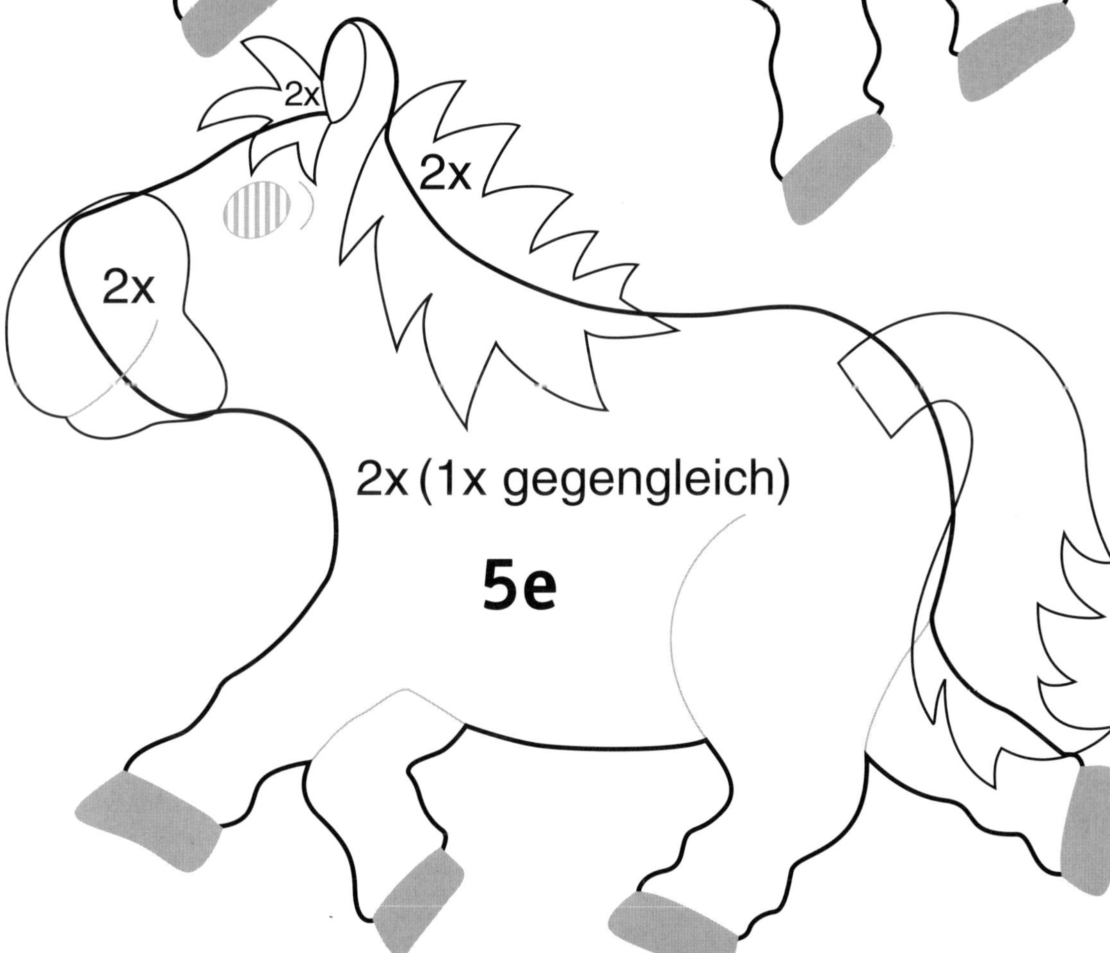
2x
2x
2x
2x (1x gegengleich)
5e

6

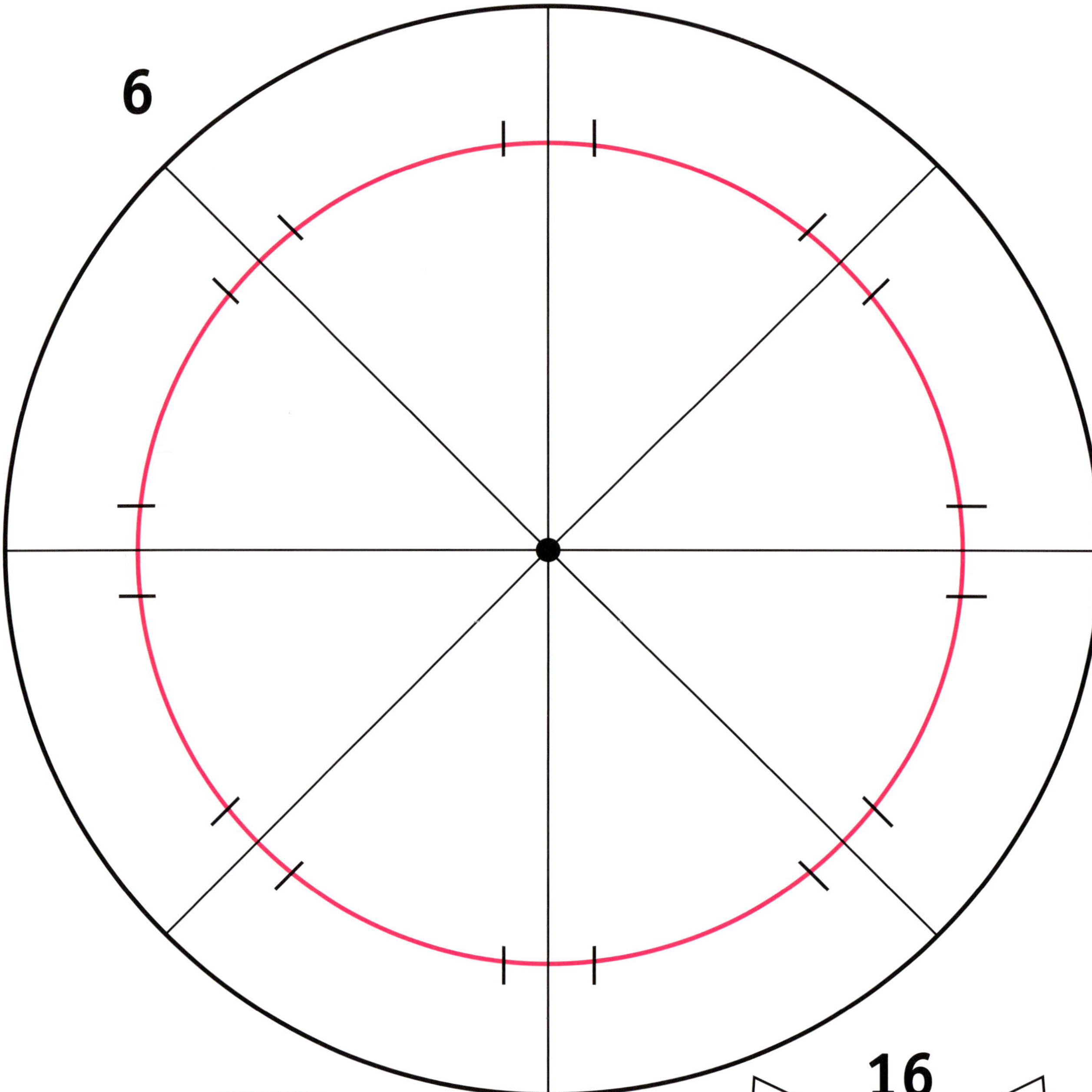

15

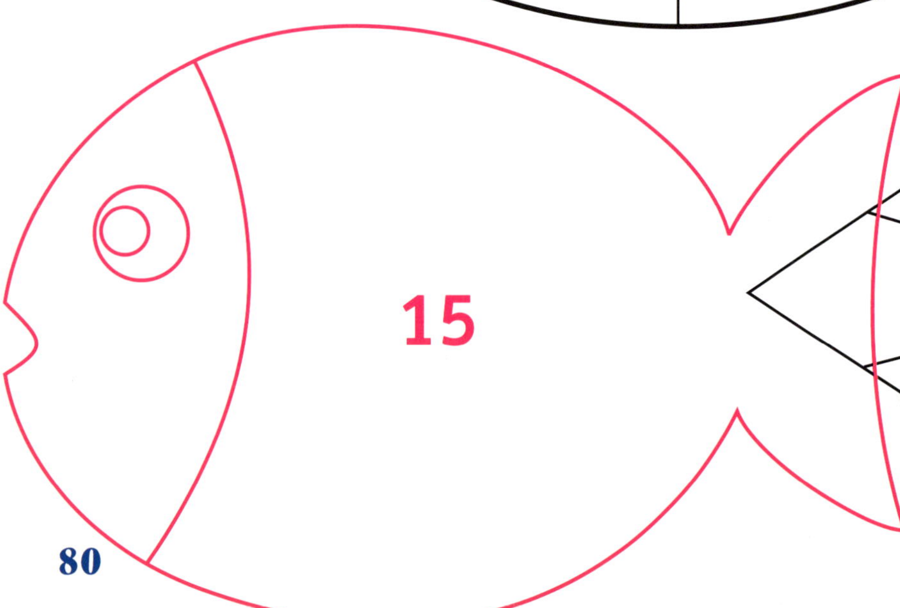

16

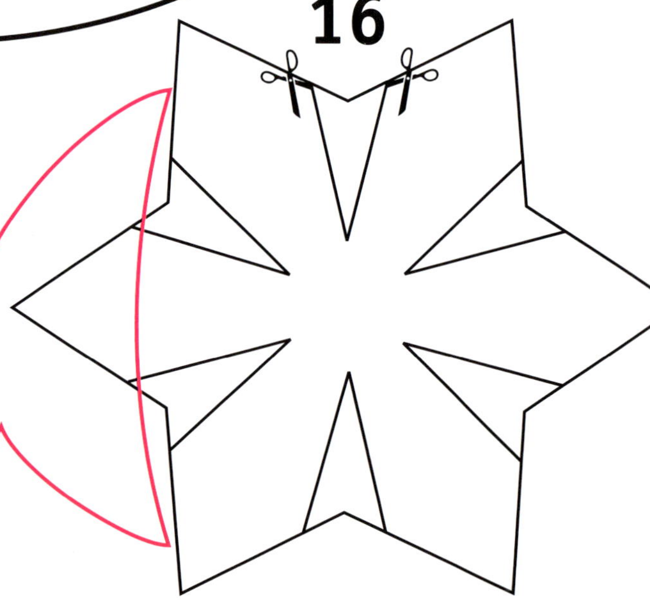

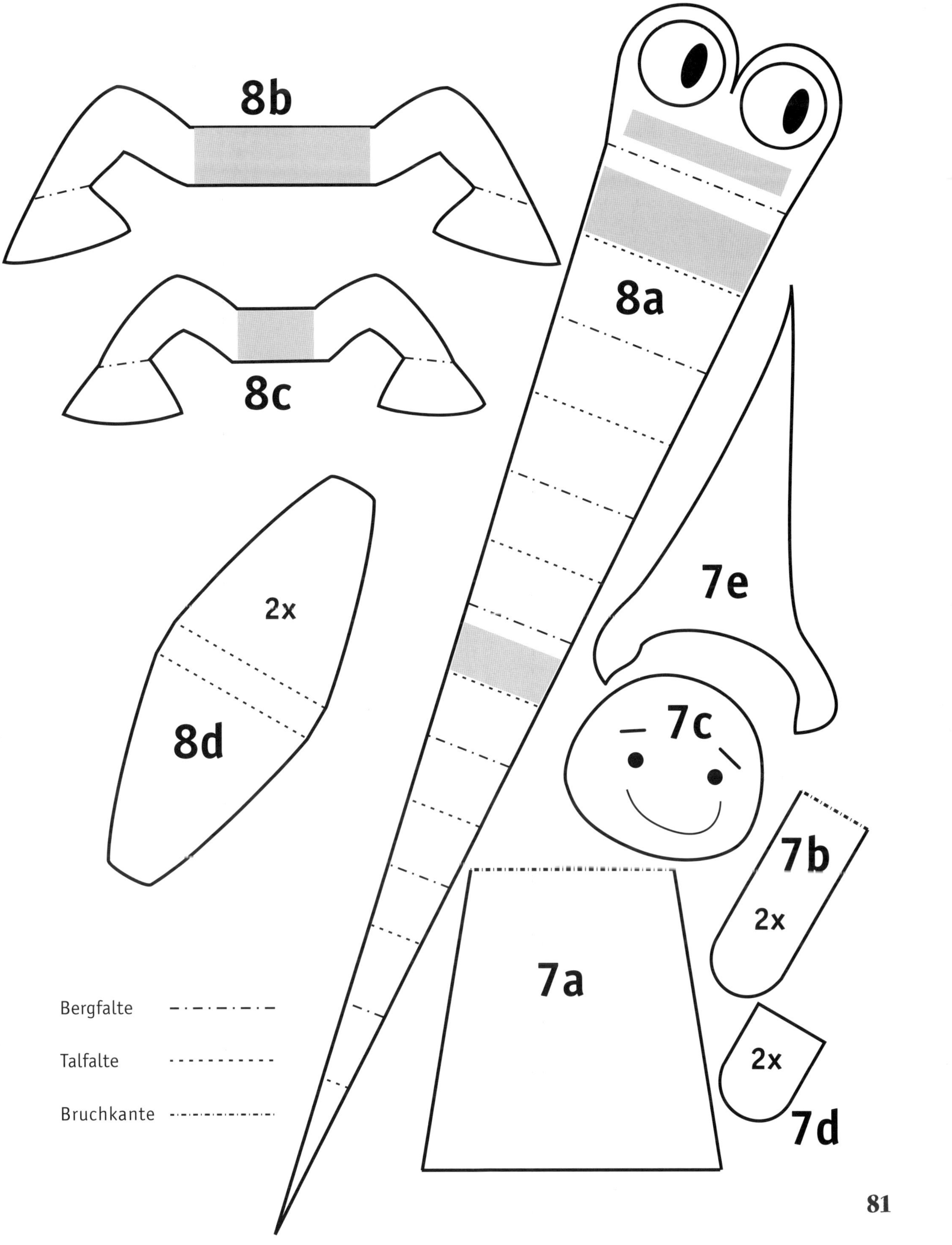
8b
8c
8a
2x
8d
7e
7c
7b
2x
7a
2x
7d
Bergfalte
Talfalte
Bruchkante

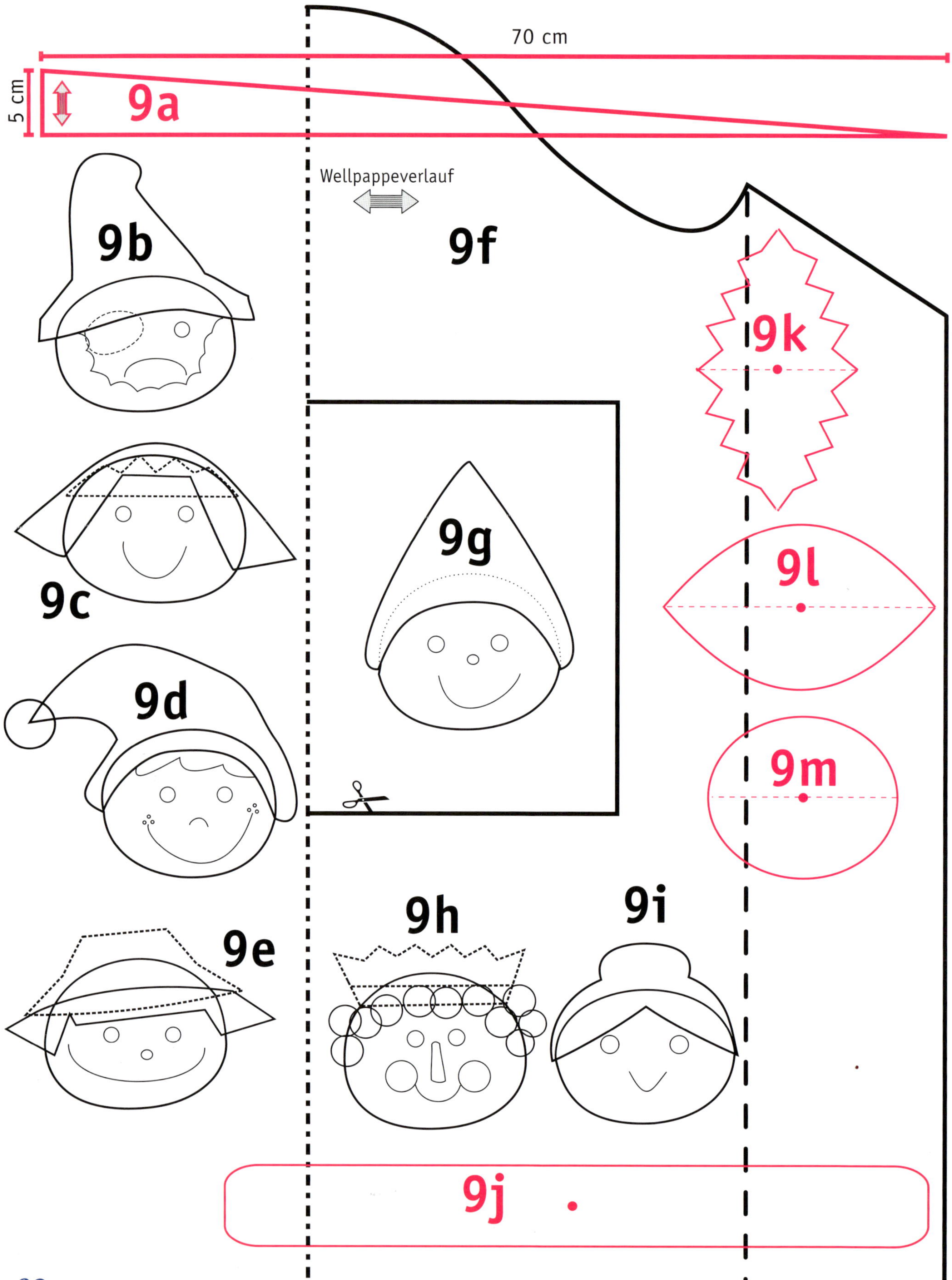
70 cm
5 cm
9a
9b
Wellpappeverlauf
9f
9k
9c
9g
9l
9d
9m
9h
9i
9e
9j

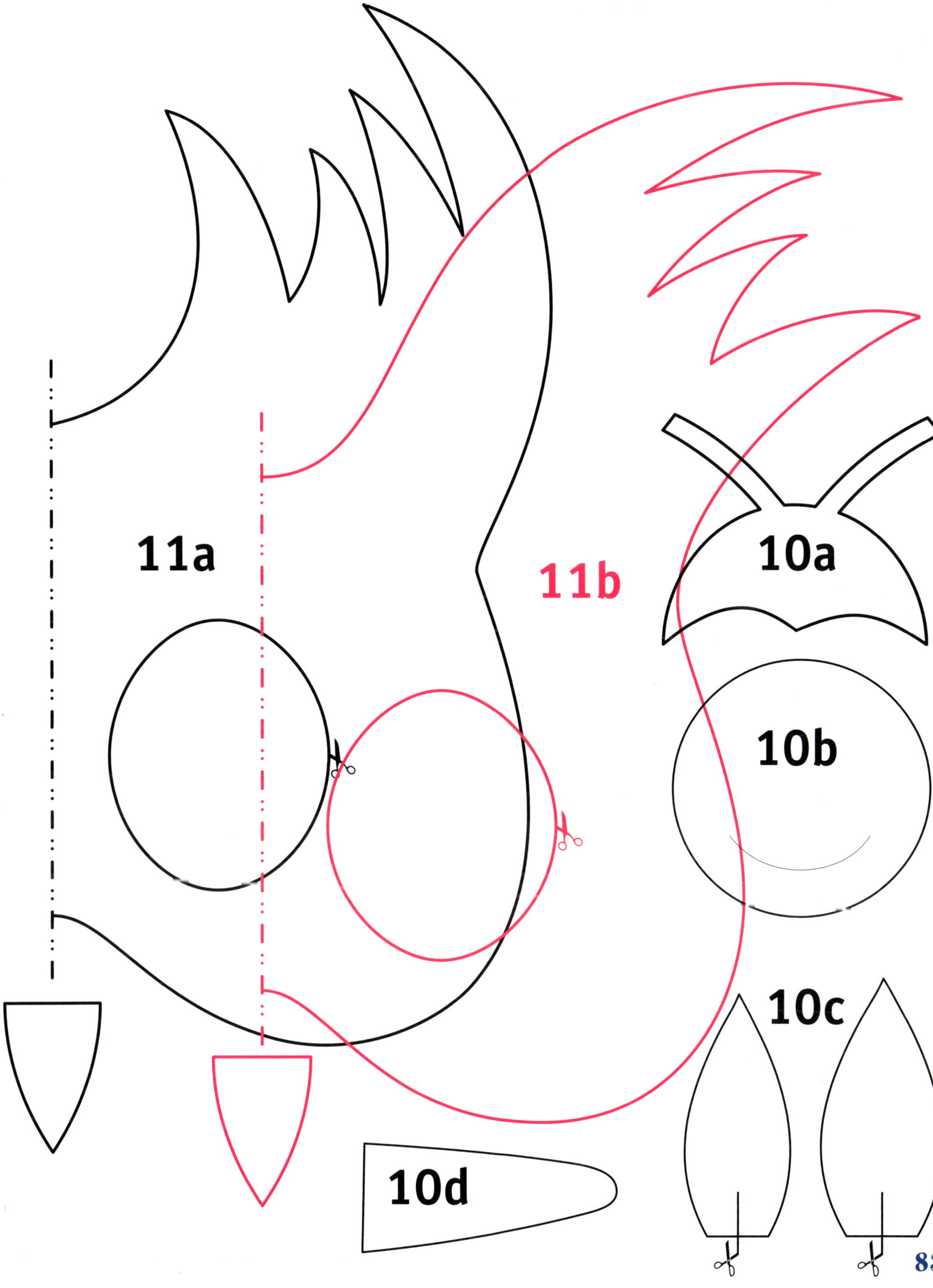
11a
11b
10a
10b
10c
10d

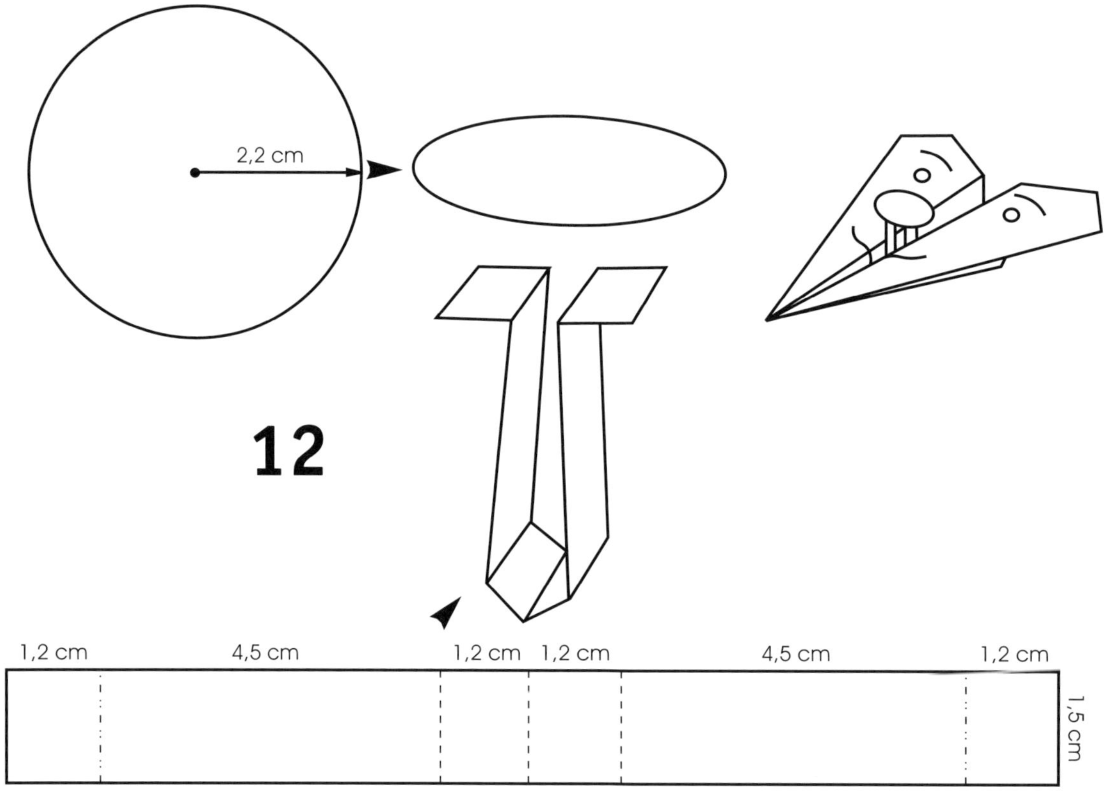

12

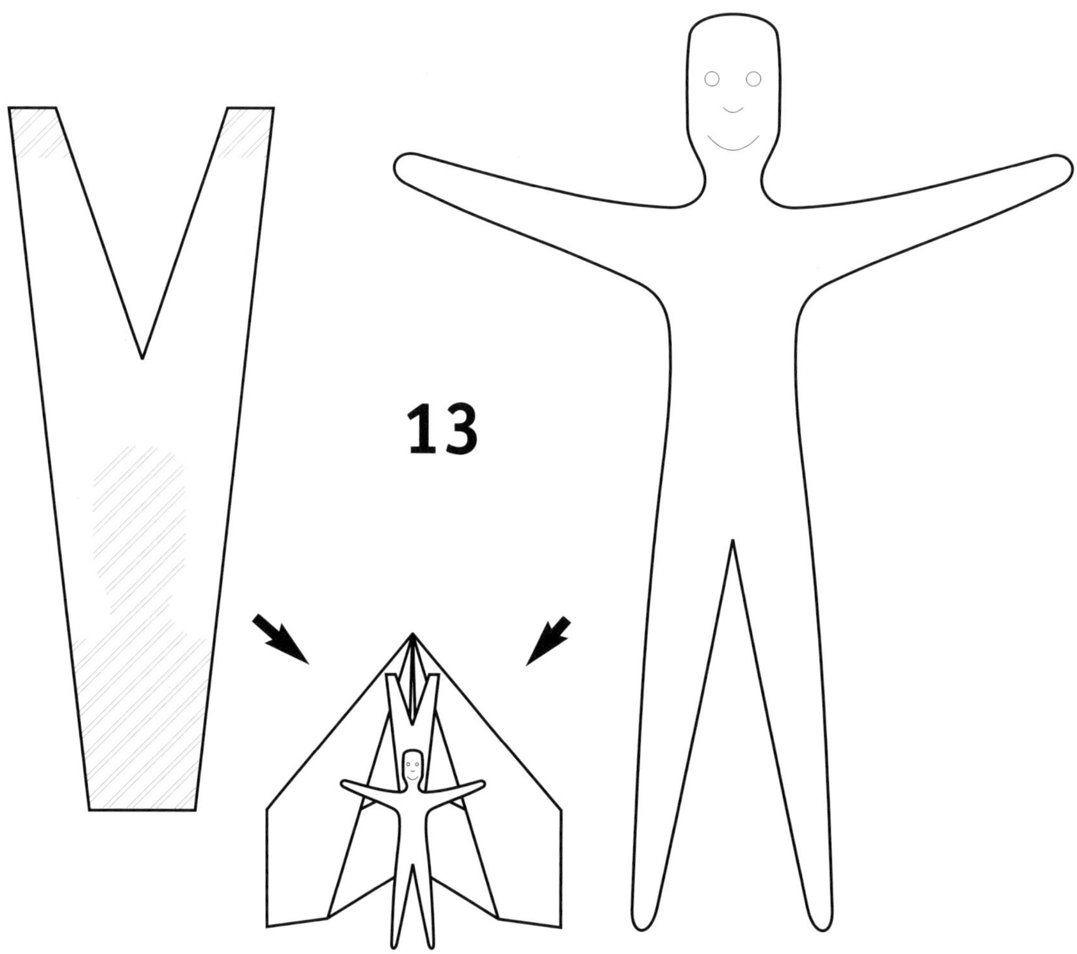

13

14

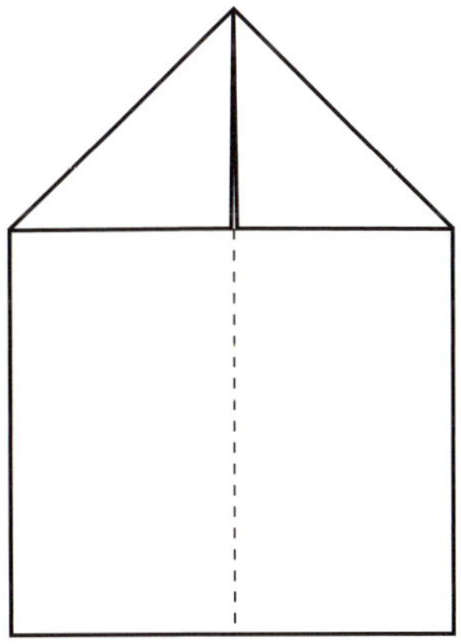

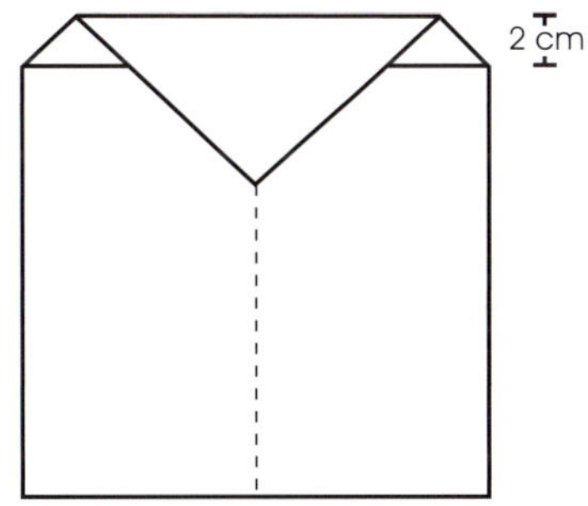

1 *Das Blatt längs in der Mitte falten, wieder öffnen. Die Ecken umklappen.*

2 *Die Spitze nach unten falten.*

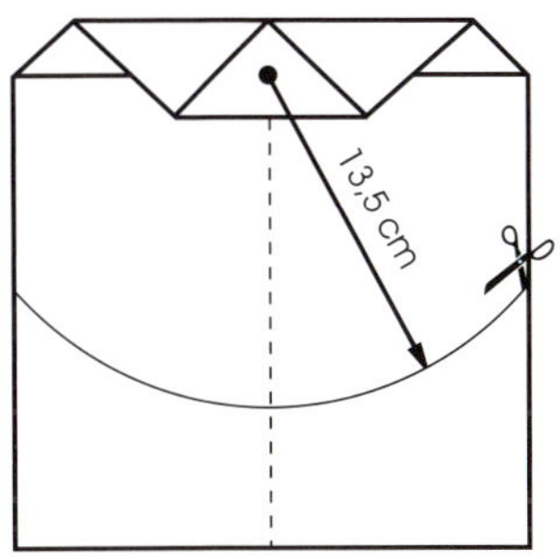

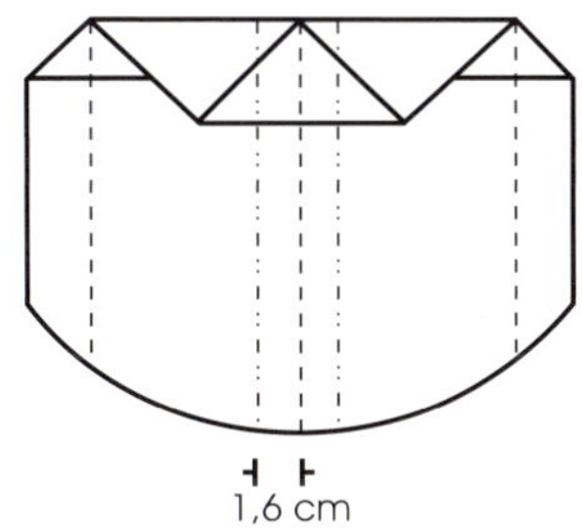

3 *Kleine Spitze nach oben falten. Länge und Heckform des Fliegers aufzeichnen und abschneiden.*

4 *Linien vorfalzen und falten: Gestrichelte Linien bedeuten Talfalten, Punkt-Strich-Linien Bergfalten.*

5 *Röhren von 1,5 cm Durchmesser herstellen, zweimal 1,5 cm tief einschneiden und von vorne auf den Flieger stecken. Einstecktiefe und Abstände variieren, bis ein Gleitflug entsteht.*

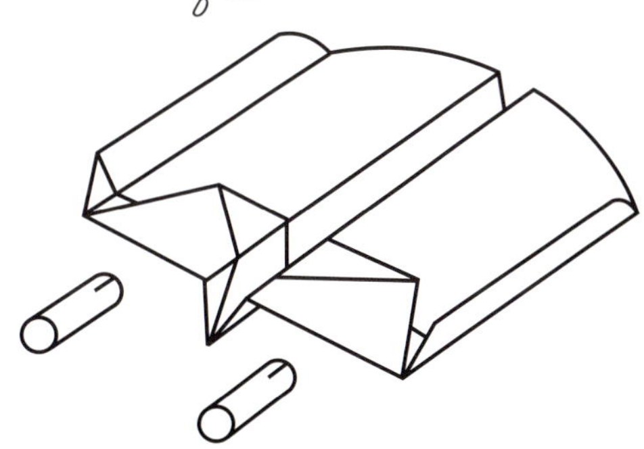

6 *Den Flieger ausgestalten, z. B. lang gezogene Dreiecke (siehe unten) aufkleben, mit Stiften bemalen.*

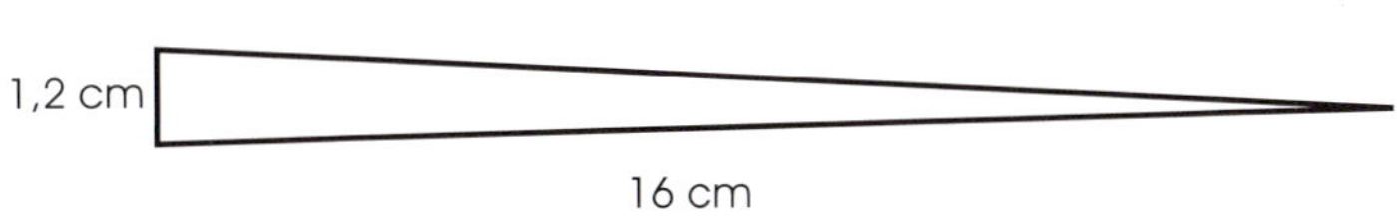

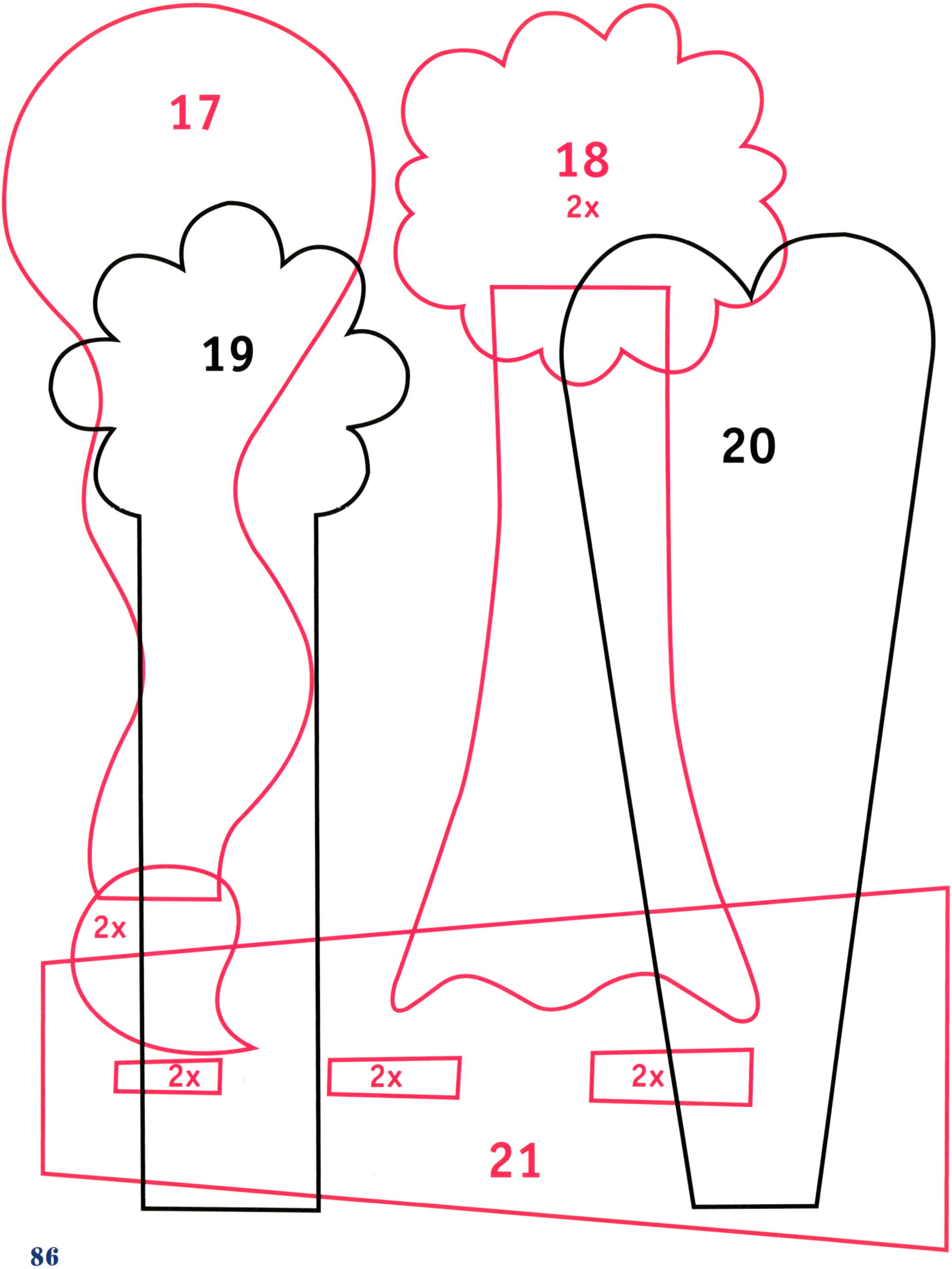
17
18
2x
19
20
2x
2x
2x
2x
21

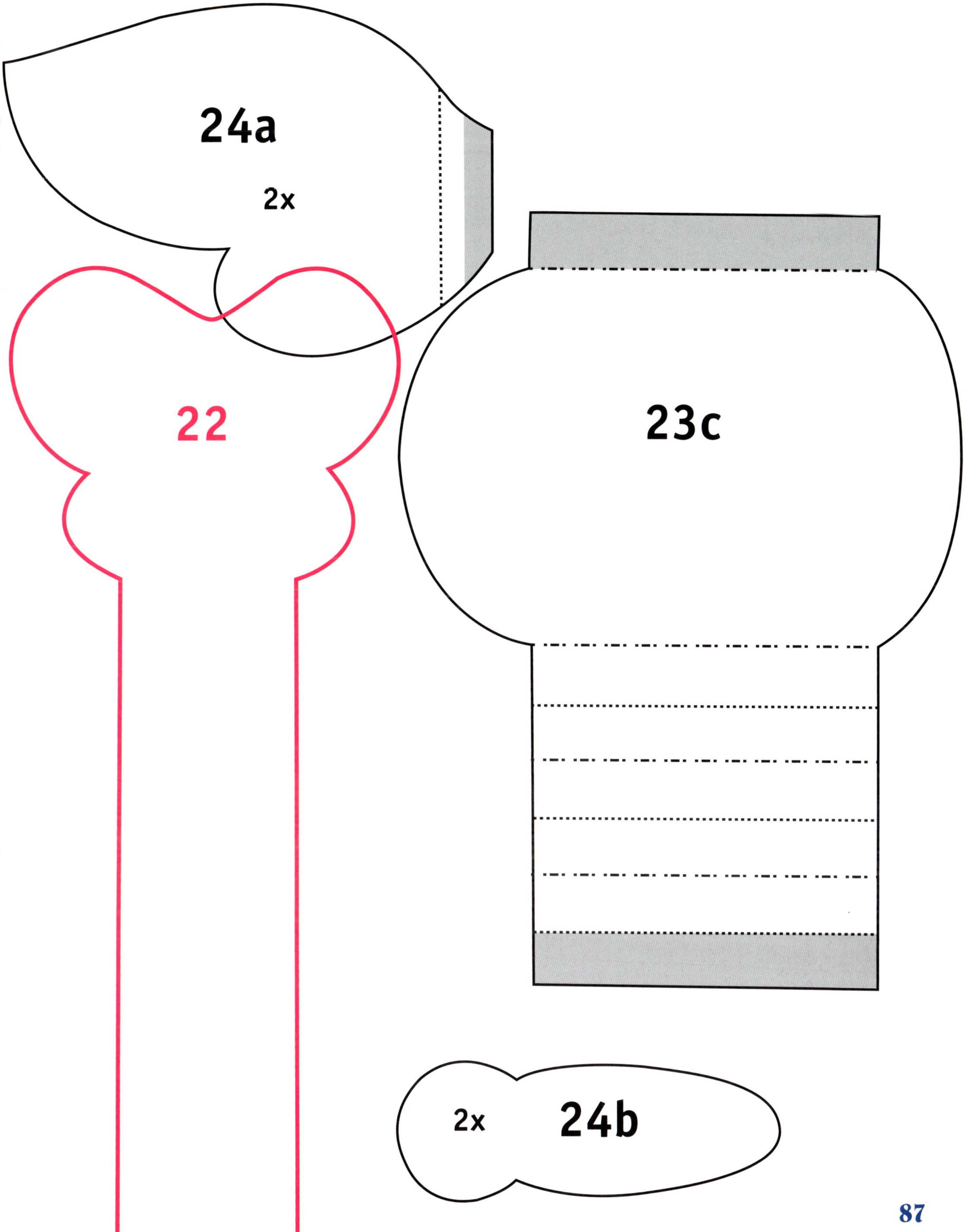
24a
2x
22
23c
2x
24b

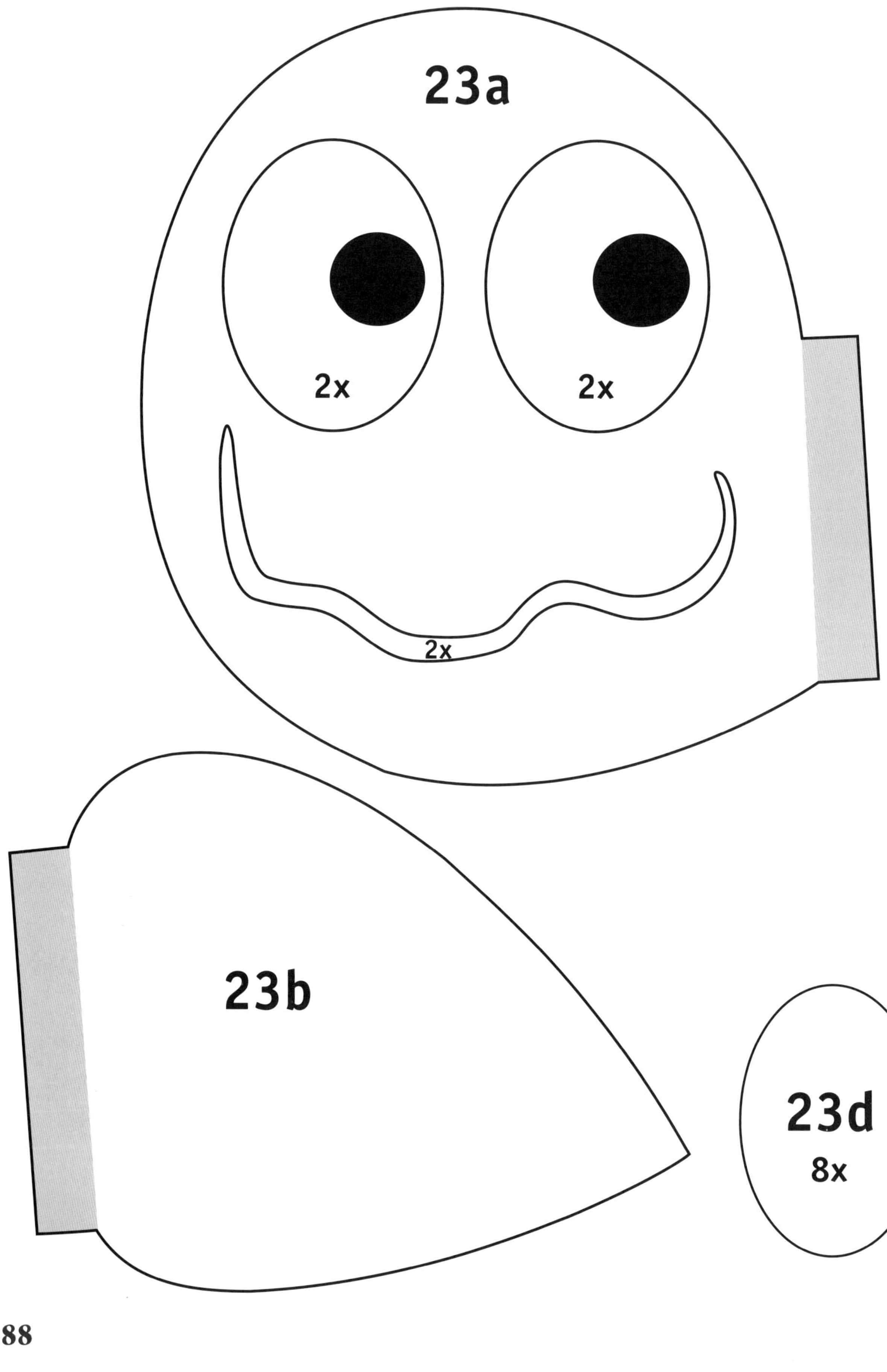
23a
2x
2x
2x
23b
23d
8x

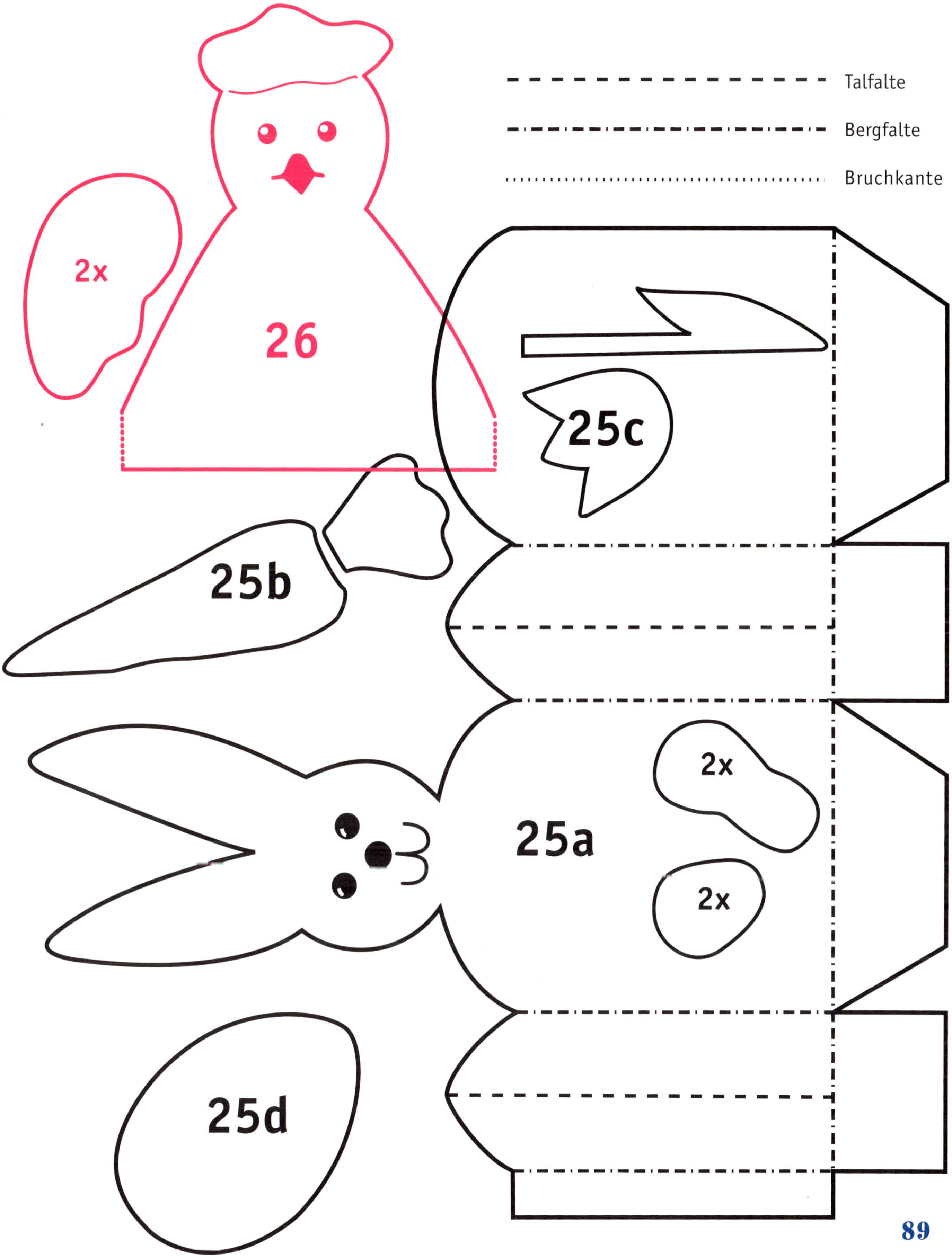
Talfalte
Bergfalte
Bruchkante
2x
26
25c
25b
2x
25a
2x
25d

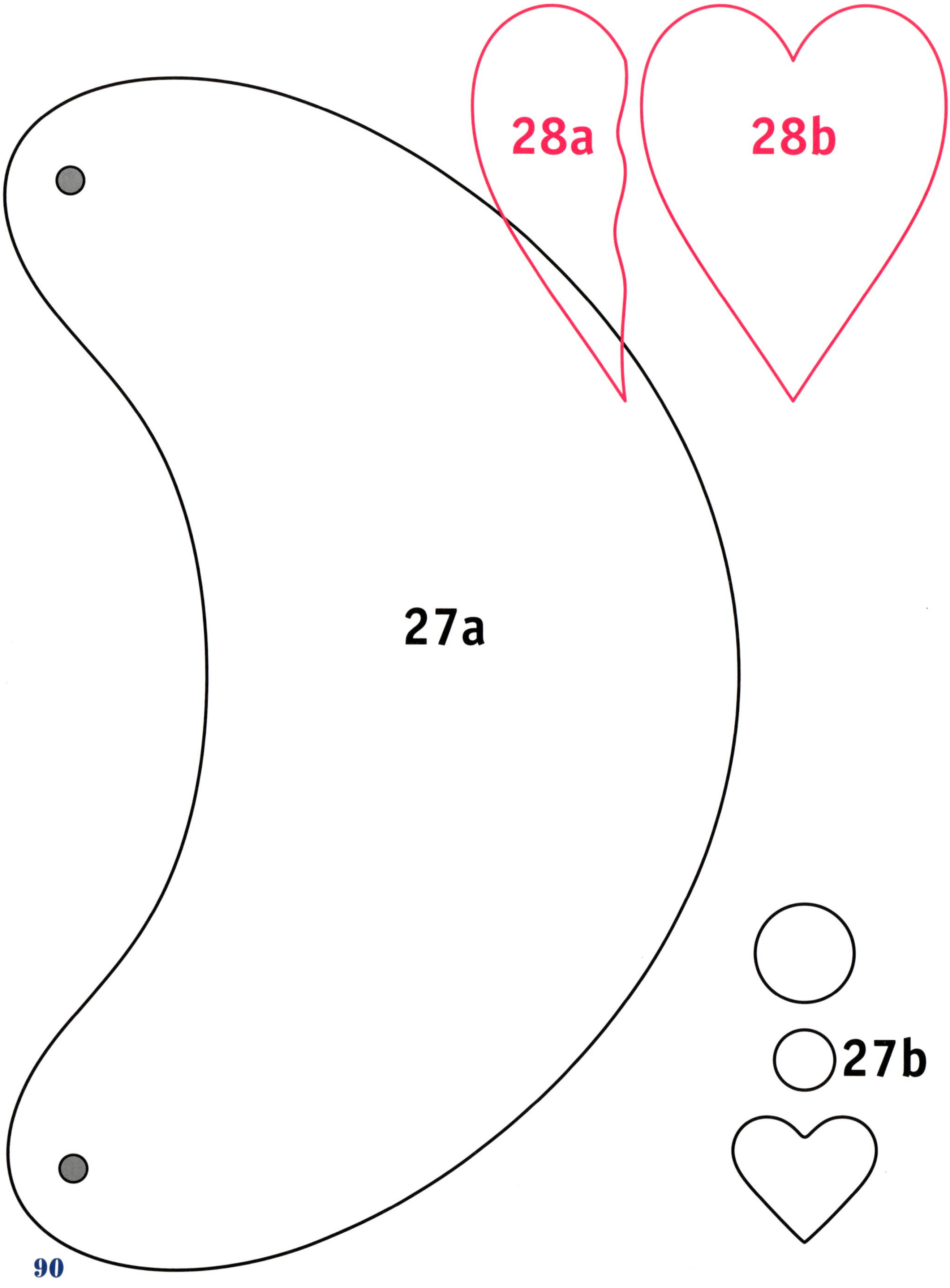
28a
28b
27a
27b

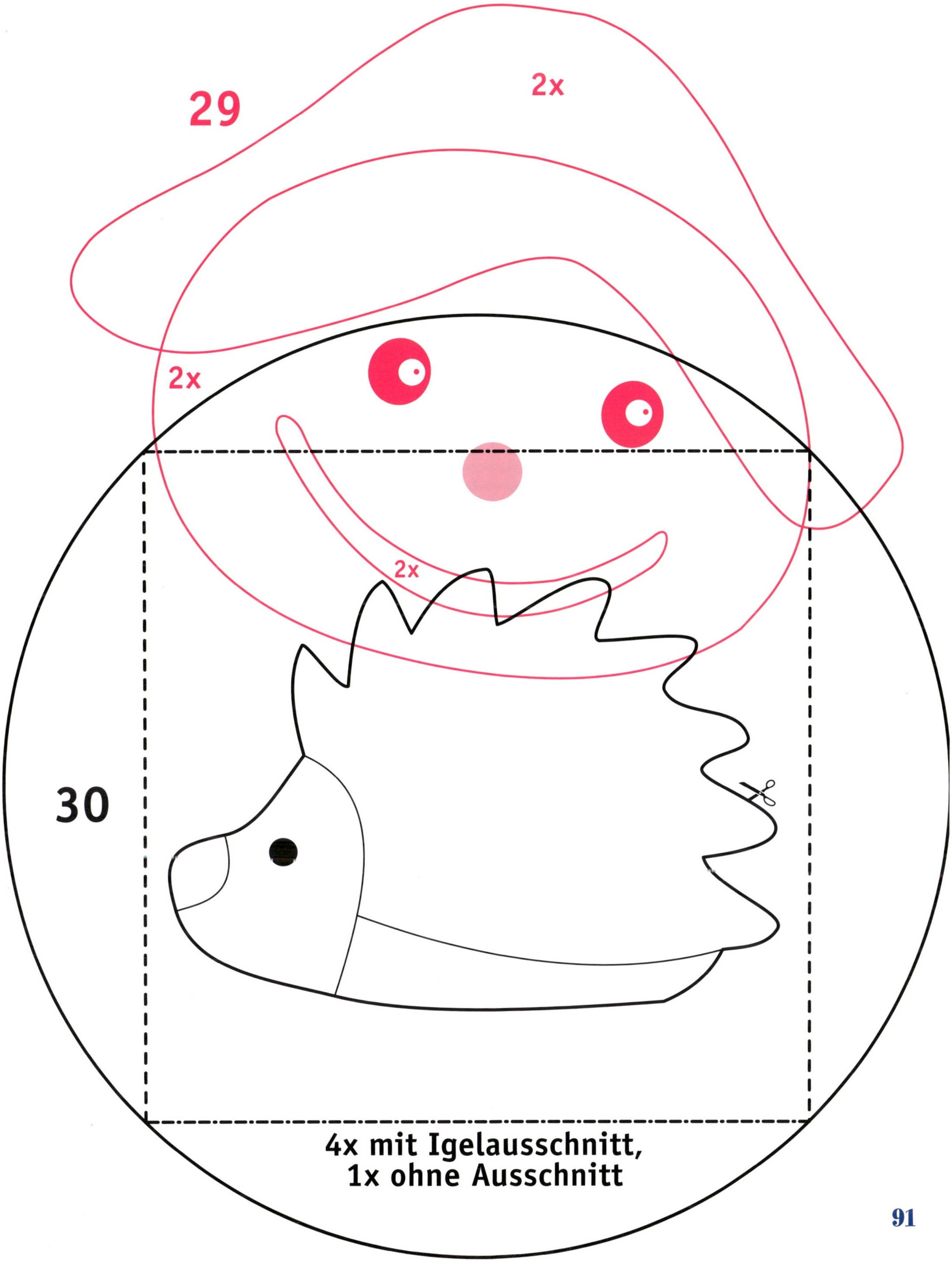

4x mit Igelausschnitt,
1x ohne Ausschnitt

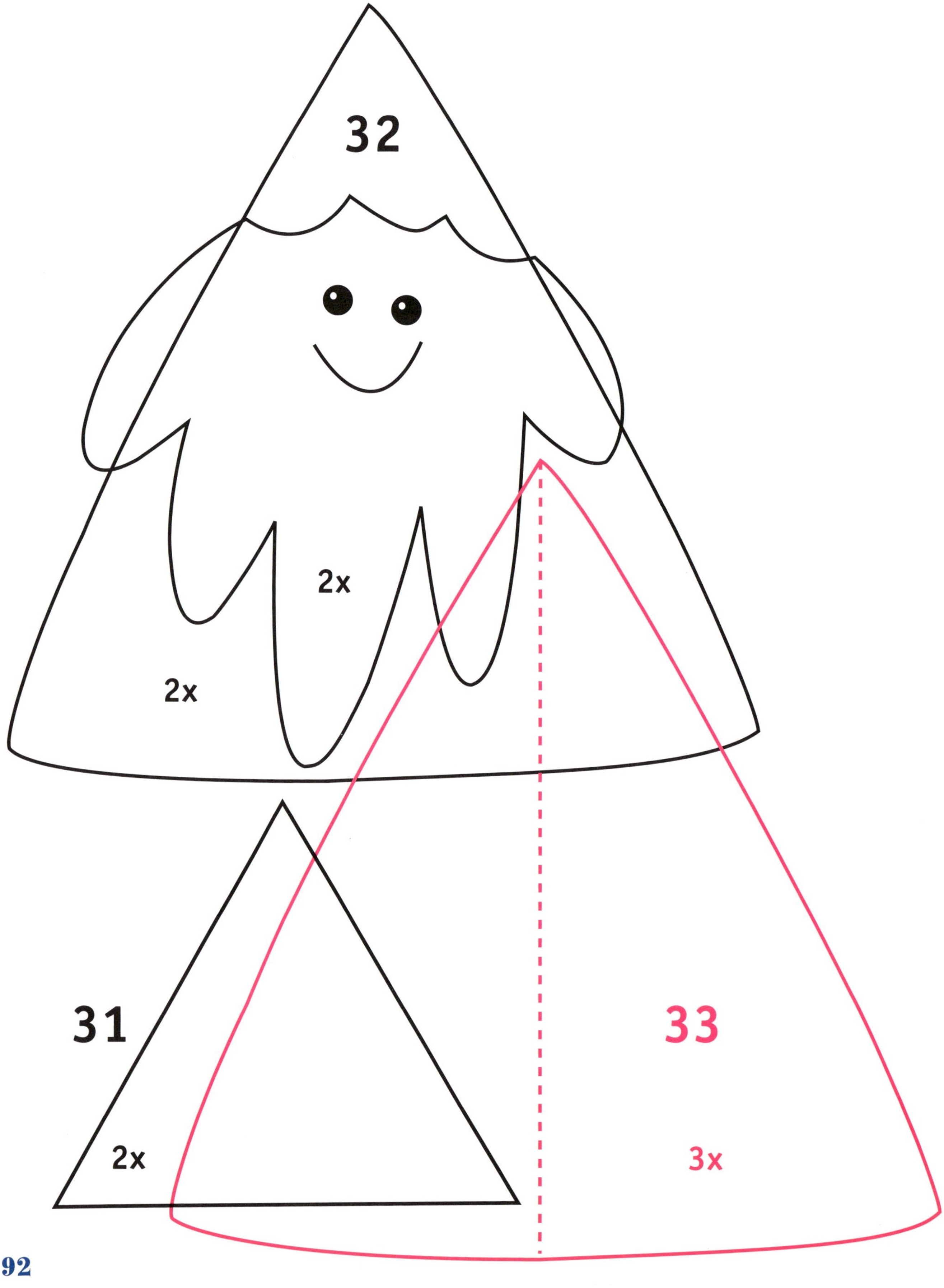
32
2x
2x
31
2x
33
3x

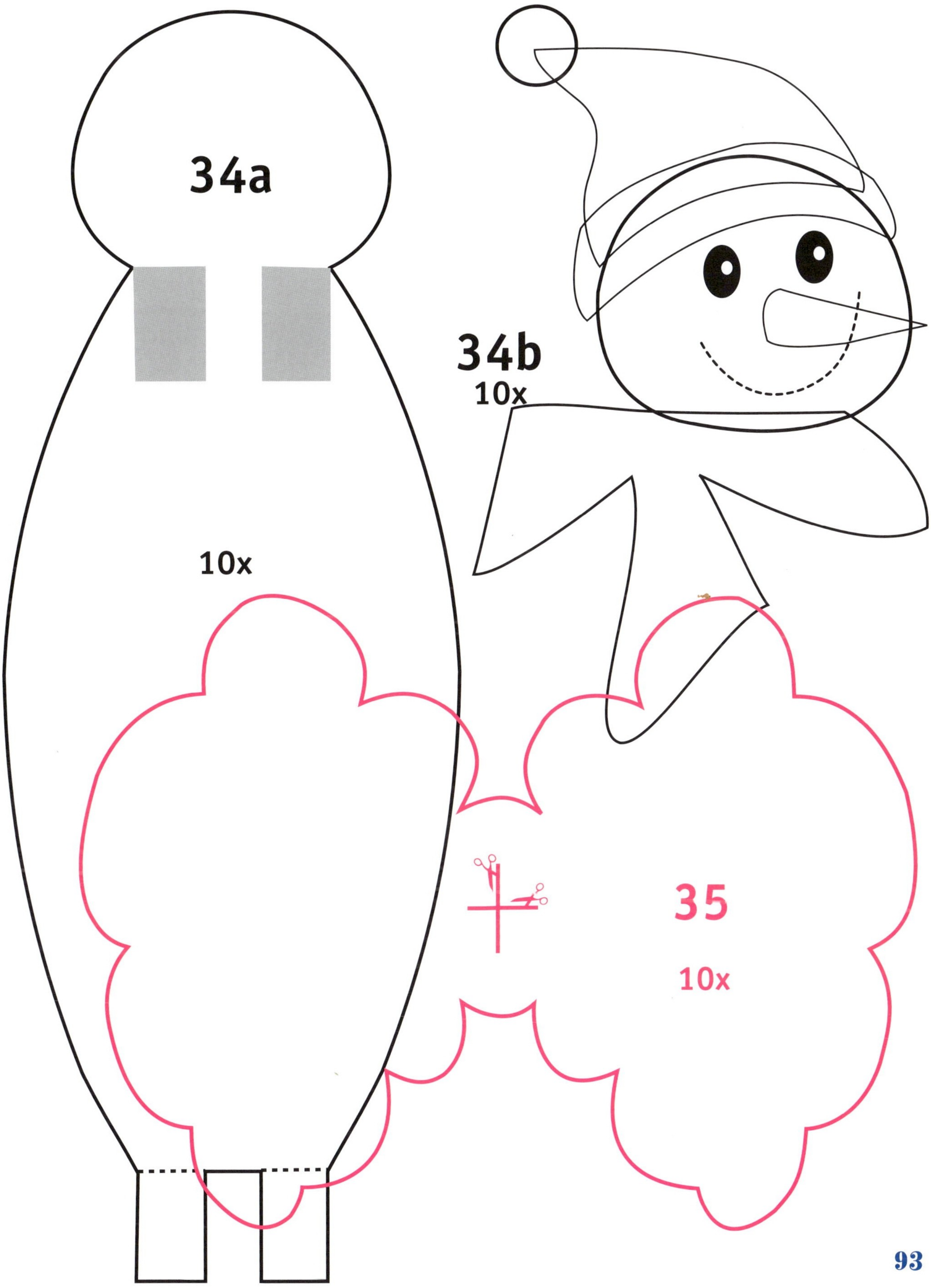

34a
10x
34b
10x
35
10x

Impressum

Autorinnen:

Erika Bock, Seiten 16/17, 62/63

Ernestine Fittkau, Seiten 36/37, 64/65

Daniela Köbler, Seiten 38/39, 40/41

Ursula Ritter, Seiten 34/35, 50/51

Sybille Rogaczewski-Nogai, Seiten 20/21, 22/23, 24/25, 44/45, 52/53, 56/57

Martha Steinmeyer, Seiten 12 bis 15, 18/19, 28 bis 33, 46 bis 49, 54/55, 60/61, 66 bis 73

Abbildungen:
Roland Krieg, Seiten 45, 57, 72/73

Ulrich Niehoff, Seiten 27, 43, 59

Beate Peters, Seite 29

Christoph Schmotz, Titel, Seiten 13, 15, 17, 19, 21, 23, 25, 31, 33, 35, 37, 39, 40/41, 47, 49, 51, 53, 55, 60/61, 63, 65 bis 67, 69, 71

Heidi Velten, Seite 11

ISBN-13: 978-3-419-53338-3
ISBN-10: 3-419-53338-1

Lektorat, Gestaltung & Produktion:
Elke Fox, Freiburg

Layoutentwurf: Network!, München

Covergestaltung und -realisierung: smp, Freiburg

Druck: Himmer, Augsburg 2006